일기를 쓰면서 배우는

초등학생 고사성어

읽기, 쓰기, 논술까지 한꺼번에 확 잡는 한자 학습법

일기를 쓰면서 배우는

초등학생 고사성어

이경혜 지음

북피아
주니어

여러분은 매일 일기를 쓰나요?

 그 날이 그 날 같은 반복되는 날이어서 일기장에 쓸 이야기가 없다고요? 천만에요. 상우의 일기를 읽다 보면 여러분에게도 매일 새로운 일들이 많이 일어나고 있다는 것을 알 수 있을 거예요.

 상우는 초등학교 5학년, 여러분처럼 궁금한 것도 많고, 하고 싶은 일도 많은 아이랍니다. 참, 그러고 보니 상우도 매일 일기를 쓰지는 않는군요. 학교에 다녀와서 숙제도 하고 학원도 다녀오고, 또 친구들하고 신나게 뛰어놀다 보면 밤에는 너무 졸려서 잠자기에 바쁘다나요? 기껏 일주일에 세 번 정도 쓰는 것이 고작이지만, 상우의 일기는 언제나 솔직한 내용으로 채워져 있답니다. 물론 하루의 반성도 잊지 않지요.

 또 한 가지 상우의 일기에는 아주 특별한 점이 있답니다. 여러분도 이미 눈치 챘겠지만 그건 일기에 고사성어가 들어 있다는 것이에요. 고사성어는 어려운 한자로 되어 있어서 우리 어린이들에게는 자칫 멀게 느껴지기도 할 거예요. 하지만, 고사성어 가운데는 우리 생활과 관련 있는 것들이 대부분이랍니다. 고사성어는 우리가 매일 맞닥뜨리게 되는 여러 상황에 들어맞는 말이라고 할 수 있지요.

 모든 고사성어에는 그 말이 생겨나게 된 배경이 있답니다. 다시 말하면 고사성어 하나하나에는 옛 어른의 지혜와 웃음이 담겨 있는 이야기가 있어요. 하지만, 그 이야기들이 여러분에게는 지루하게 생각될 수도 있을 겁니다. 그래서 상우의 일기는 여러분이 집과 학교에서 만나는 가족과 친구들 사이에서 일어날 수 있는 일과 관련지어 고사성어를 익힐 수 있도록 쓰였어요. 상우의 일기를 자세히 읽어 보세요. 고사성어의 의미를 쉽게 이해할 수 있을 거예요. 상우의 재미난 일기를 읽으면서 고사성어도 익혀보세요. 여러분도 상우와 그 친구들처럼 장난꾸러기이기는 해도 사려 깊은 근사한 친구가 될 거예요.

등장인물

상우

이 일기장의 주인공이랍니다. 12살, 초등학교 5학년이에요. 공부를 썩 잘하는 편은 아니지만, 언제나 옳은 일을 하려고 애쓰며 또 친구를 소중히 여기는 의리 있는 아이랍니다. 가끔 말썽을 일으켜 엄마께 꾸중을 듣기도 하지요. 하지만, 엄마를 도와 집안일을 거들 때면 칭찬도 받지요. 상우는 이다음에 커서 김주성 형 같은 농구 선수가 되는 것이 꿈이래요. 그래서 키가 작은 것이 상우의 가장 큰 고민거리랍니다.

엄마

'이것도 하지 말고, 저것도 하지 마라.' '그만 놀고 공부 좀 해라.' 상우 엄마가 가장 많이 하시는 말씀이에요. 그렇다고 언제나 잔소리만 늘어놓으시는 그런 엄마는 아니랍니다. 누구보다도 상우를 가장 잘 이해하고 사랑하시는 분이지요.

아빠

집에 오시면 늘 신문만 붙잡고 계셔서 상우는 불만입니다. 하지만, 휴일에는 가족들을 데리고 노래방에도 가실 줄 아는 기분파 아빠예요. 상우가 엄마께 꾸중을 들어야 할 일이 생기면 제일 먼저 구원을 요청하는 분이기도 하지요.

할머니

상우네 집의 가장 어른으로 연세는 높으시지만 학교 운동회에서 달리기로 상을 받으시기도 하는 활동파(?) 할머니시랍니다.

상민

상우의 형이에요. 중학교 3학년이고 공부를 아주 잘하는 학생이랍니다. 때로는 상우의 자존심을 사정없이 구겨놓기도 하지만, 결정적인 순간에는 언제나 상우의 편이 되어주지요. 아! 이건 비밀인데요, 상민이는 친구 지태의 누나 지연이를 좋아한답니다.

상미

초등학교 3학년, 상우의 동생이랍니다. 상우와 자주 다투기도 하지만, 밖에서 놀림을 당하거나 싸우고 나면 상우에게 달려와 하소연하는 얄밉지만 미워할 수 없는 귀여운 동생이에요.

고모

상우의 고모는 유아복을 만드는 회사의 디자이너예요. 깍쟁이 같은 구석이 있기는 해도 조카를 사랑하는 마음은 자신을 따라올 사람이 없을 거라고 늘 큰소리를 친답니다.

지태

무슨 일이든 언제나 함께 하는 상우의 단짝 친구예요. 엉뚱한 영재보다는 조금 덜하지만 그래도 늘 사건(?)을 만들기 시작하는 건 지태랍니다.

영재

엉뚱한 얘기로 친구들과 선생님을 웃게 하는 재미난 아이랍니다. 물론 그 엉뚱함 때문에 주위 사람들을 당황하게 하기도 하지만요. 그래도 상우에게는 없으면 안 되는 소중한 친구랍니다.

차례

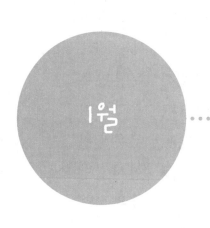

馬耳東風

四面楚歌

多多益善

登龍門

焦眉之急

錦上添花

[馬耳東風]

말 마 　귀 이 　동녘 동 　바람 풍

▶ 남이 하는 말을 전혀 관심 없이 들음.
'소귀에 경 읽기(牛耳讀經, 우이독경)' 와 같은 뜻으로 쓰인다.

누가 나에게 세상에서 가장 무서운 사람이 누구냐고 묻는다면, 나는 두 번 생각할 필요도 없이 치과 의사라고 대답할 것이다. '드르륵 드르륵' 소리가 나는 이상하게 생긴 기계를 내 입속에 집어넣고 마구 돌릴 때면, 의사 선생님이 아니라 마치 드라큘라처럼 보인다.

"상우야, 입을 좀 더 크게 벌려야지. 조금만 더 벌려봐. '아!' 하고 하품할 때처럼."

하지만, 어쩔 수 없지 않은가? 치과 의자에만 앉으면 저절로 입이 꽉 다물어지는 것을. 엄마는 곁에서 엄살 부리지 말라고 하시지만, 그건 엄마가 이 의자에 앉아 본 경험이 없기 때문일 거다. 그 끔찍함이란 도저히 말로 설명할 수가 없다.

"그러기에 뭐라고 했니? 자기 전에는 반드시 양치질을 해야 한다고 그렇게 얘길 해도 마이동풍(馬耳東風)이더니만, 쯧쯧쯧."

"엄마 그건 제 잘못이 아니라고요. 아빠가 늦게 들어오시면서 늘 초콜릿을 사오시니까 그런 거죠. 그 맛있는 초콜릿을 두고 그냥 잘 수는 없잖아요. 이건 모두 아빠 때문이라고요."

아빠 핑계를 대기는 했지만, 사실은 하루에 세 번씩이나 양치질을 하는 것이 내게는 정말 귀찮은 일이다. 하지만, 치과에 가서 의자에 누워있는 건 더 괴롭다. 퉁퉁 부은 뺨을 어루만지며 치과 문을 나서는데 뒤에서 의사 선생님이 불러 세웠다.

"상우야, 앞으로 며칠 더 선생님하고 만나야 할 것 같구나. 좀 더 치료를 해야 할 것 같으니까."

맙소사! 진작 엄마 말을 들었어야 했는데. 후회해도 이미 때는 늦은걸.

馬	馬				耳	耳			
東	東				風	風			

15

[四面楚歌]

넉 사　　낯 면　　초나라 초　　노래 가

▶ 사방이 적으로 완전히 둘러싸여 꼼짝할 수 없음.
자신의 힘으로는 도저히 해결방법을 찾을 수 없는 경우를 뜻한다.

"상우야, 마당에 빨래 좀 걷어라. 갑자기 웬 소나기야. 한여름도 아닌데?"

"엄마, 빨래 걷는 일은 여자 일이잖아요. 상미를 시키세요. 그건 사내대장부가 할 일이 아니라고요."

"상미는 심부름 갔지 않니? 어서 빨래나 걷어라. 빨래 다 젖겠다."

투덜대며 빨래를 걷어오니, 이번에는 마루에 건조대를 세우고 빨래를 널라고 하신다.

"상우야, 남자와 여자가 할 일이 구분되어 있다는 생각은 잘못된 거야. 서로 도울 수 있는 일은 도와야 하지 않겠니?"

저녁을 먹은 후 사과를 먹고 있을 때였다. 엄마가 한 가지 제안을 하셨다.

"앞으로 집안일을 분담하는 게 어떻겠어요? 예를 들면 일요일은 남자들이 집안 청소를 한다든가, 뭐 그렇게요."

"대찬성! 언니도 쉬어야 하고, 나도 일요일에는 데이트를 해야 하지 않겠어요?"

사실 고모는 출근하느라 집안일은 거의 하지 않는다.

"남자가 할 일이 따로 있고 여자가 할 일이 있지, 그건 좀 심하지 않아?"

드디어 아빠가 나섰다. 이럴 때가 되면 아빠와 내가 한편이란 걸 느낄 수 있다.

"어머나, 그런 말이 어디 있어요? 요즘 세상에……. 옆집에 이사 온 새댁 네는 신랑이 설거지도 같이 한다고 하던데."

"어멈 말이 옳구나. 집안일이라고 해서 여자가 모두 해야 하는 건 아니지. 어멈이 혼자서 애쓰는데 서로 도우면 좀 좋으냐?"

할머니의 한 마디에 고모와 엄마의 얼굴에는 승리의 빛이 확연했다. 결국, 가족 투표에 부치기로 했다. 하지만, 결과는 불 보듯 뻔했다. 우리 집 남녀 비율은 4대3. 아마도 이런 경우를 사면초가(四面楚歌)라고 하는 거겠지?

四 四　　　　面 面
楚 楚　　　　歌 歌

多多益善

많을 **다**　　많을 **다**　　더할 **익**　　좋을 **선**

▶ 많으면 많을수록 좋다는 말이다.

　오늘을 위해 내가 얼마나 많은 땀을 흘렸는지 그 누가 알아줄까?

　아빠와 고모 구두를 닦고 천 원, 엄마 심부름을 하고 오백 원, 형 운동화 빨아주고 천 오백 원. 그래서 모은 돈이 삼천 원인데, 아직도 절반이나 모자랐다.

　며칠 전이었다. 집 근처에 있는 영화관에서 '몬스터' 라는 재미있는 영화를 한다고 들었다. 지태와 영재 그리고 나, 우리 삼총사는 이 기회를 놓칠 수 없다고 생각했다. 왜냐하면 지난 여름에 윤호가 '슈렉'을 보고 와서 얼마나 자랑을 하던지, 이번에는 우리가 먼저 보고 약을 올려주기로 한 것이다. 문제는 돈을 어떻게 마련하느냐 하는 것인데. 이번 주에 받은 용돈 삼천 원은 이미 다 써버렸고, 결국 생각해낸 방법이 신성한 노동의 대가로 돈을 벌기로 것이다.

　"아니, 상우가 웬일이니? 방학이라고 매일 늦잠이더니, 새벽같이 일어난 것도 신기한데 구두까지 다 닦아놓고."

　"고모, 오늘부터 내가 매일 구두 닦아놓을 거예요. 구두 닦는 아저씨들한테 얼마씩 주세요? 나한테는 그 절반만 주면 돼요."

　"그거 괜찮은 생각이기는 한데⋯⋯. 그러면 얼마를 주면되겠니?"

　"많으면 많을수록 좋은 거 아니겠어요? 다다익선(多多益善)이라는 말도 있잖아요."

　엄마와 아빠 그리고 형에게도 다다익선(多多益善)을 외쳤지만, 수입은 신통치 않았다. 영화를 보면서 팝콘까지 먹으려면 거금 만 원은 있어야 하는데.

　풀이 죽어 있는 내가 안 되어 보였나 보다. 깍쟁이 고모가 이번 일요일에 우리 삼총사와 상미까지 데리고 가서 영화도 보여 주고 햄버거도 사주겠다고 약속했다.

　아! 하늘은 스스로 돕는 자를 돕는다고 했던가?

　뿌듯한 마음으로 누워 생각하니, 정말 고단한 하루였다.

多多　　　多多

益益　　　善善

월　일　요일　날씨

[登 龍 門]

오를등   용용   문문

▶ 용이 되어 올라가는 문.
출세할 수 있는 관문이라는 뜻으로 '용문에 오르다.' 라고 표현하기도 한다.

"정말 잘됐네요. 그 아주머니 얼마나 좋으시겠어요."

"그러게 말이다. 지성이면 감천이라는 말도 있잖니? 아들 시험에 붙으라고 날마다 새벽 기도를 하러 다니더니 그게 효험이 있었는가보다."

"글쎄 말이에요. 사법고시에 합격했으니 앞날이 활짝 열린 거나 다름없지요."

할머니 친구 분 막내아들이 사법고시에 합격을 했다고 한다. 사법고시에 붙으면 판사나 검사, 변호사가 된다는 것 정도는 나도 알고 있다. 하지만, 사법고시가 그렇게 어려운 시험인 줄은 몰랐다. 그리고 법관이 되면 앞날이 활짝 열린다는 건 또 무슨 말일까?

"엄마, 법관이 되는 게 그렇게 좋은 거예요?"

"등용문(登龍門)에 들어서는 거니까, 좋은 거라고 할 수 있지."

"출세하면 유명해지고 돈도 많이 버는 거예요? 그럼 나도 사법고시에 합격해서 법관이 돼야겠네."

그 순간 엄마가 난감한 표정을 짓는데, 옆에서 듣고만 있던 아빠가 나섰다.

"너도 검사나 판사가 되고 싶니? 우리 상우는 농구 선수가 되고 싶어 하는 줄 알았는데."

"하지만, 농구 선수보다 법관이 더 좋은 거라면 법관이 되도록 하지요, 뭐."

"상우야, 물론 유명해지고 돈도 많이 번다면 좋은 일이겠지. 하지만, 자기가 정말 하고 싶은 일이 무엇인지 잘 생각해 보고 결정해야 하는 거란다. 그리고 법관은 법을 통해서 정의를 실천하려는 사람들이 선택하는 일이야. 출세를 위해서 법관이 되려고 해서는 안 되는 거야. 아빠 말 알겠니?"

"네. 아빠."

아빠가 너무나 심각하게 말씀하셔서 대답은 했지만 내게는 너무 어려운 얘기다.

登	登			龍	龍			
門	門							

21

월 일 요일 날씨

[焦眉之急]

탈초   눈썹미   갈지   급할급

▶ 눈썹이 탈 정도로 매우 급함. 몹시 위급한 상황을 말한다.

"상우야, 밥은 충분히 있으니까, 냉장고에 있는 반찬하고 국을 데워 먹으면 될 거야. 가스레인지 켜고 끌 때 조심하는 거 잊지 말고. 상미 잘 데리고 놀고, 집 잘 보고 있어야 한다."

"와! 엄마 그렇게 입으니까 딴 사람 같아요. 옆집 새댁 아줌마보다 훨씬 더 예쁘다. 저만 믿고 걱정하지 마시고 다녀오세요. 이 상우가 하루쯤 집도 못 볼까 봐서요."

엄마는 고등학교 동창모임에 간다고 하셨다. 오늘따라 할머니는 이모할머니 댁에 가시고 집에는 나와 상미만 남게 되었다. 나가시면서도 나를 못 믿는 엄마를 안심시켜드리고 나니 왠지 내가 다 자란 것 같은 뿌듯한 기분이었다.

1시가 조금 지나자 상미는 배가 고프다며 밥을 먹자고 보챘다.

"우리 도너츠 만들어 먹을까? 어제 텔레비전 요리시간에 보니까 만들기 쉽겠더라. 상미야, 조금만 기다려. 오빠가 맛있는 도너츠 만들어 줄게."

나는 밀가루를 반죽하면서 상미에게는 달걀을 풀어서 저으라고 시켰다. 여기까지는 좋았다. 문제는 냄비에 기름을 붓고 끓이면서 시작됐다. 기름이 튀어서 부엌 바닥이 미끄러워졌는데, 마침 상미가 넘어지면서 반죽 그릇을 엎지르고 말았다.

넘어진 상미는 아프다며 울고, 튀김 냄비에 붙은 밀가루를 닦아내려고 행주질을 하다가 행주에 불까지 붙었다. 초미지급(焦眉之急)이 따로 없었다. 어쩔 줄 몰라 허둥대고 있는데 마침 상민이 형이 들어왔다. 역시 상민이 형은 나의 구세주다.

형이 아니었으면 오늘 우리 집에는 소방서 아저씨들이 나타났어야 했을지도 모른다. 엄마의 호된 꾸지람과 벌로 일주일간 용돈을 못 받게 되기는 했지만, 그래도 그 정도에서 그친 것이 불행 중 다행이 아닐까? 휴! 지금 생각해도 아찔한 순간이었다.

焦	焦			眉	眉		
之	之			急	急		

월 일 요일 날씨

[錦上添花]

비단금　　위상　　더할첨　　꽃화

▶ 비단 위에 꽃을 더함.
좋은 일에 더 좋은 일이 겹쳐 아주 좋다는 뜻이다.

"상우야, 친구들이 세배를 하러 왔다는구나. 어서 나와 봐라."

엄마가 부르시는 소리가 들렸다. 나가보니 지태와 영재였다. 지태와 영재는 나는 본체도 않고 곧장 할머니 방으로 들어갔다.

"할머니, 새해 복 많이 받으세요."

"오냐. 너희도 올해는 더 씩씩하게 지내고 공부도 열심히 하거라."

지태와 영재는 할머니께 넙죽 절을 하고는 아빠와 엄마께 갔다. 물론 할머니께서 장롱 서랍 깊이 넣어 둔 지갑에서 꺼내주신 세뱃돈을 받은 뒤에 말이다. 한사코 싫다는 고모에게까지 절을 하고 주머니를 두둑이 채운 지태와 영재.

"이제 그만 가보겠습니다. 안녕히 계세요."

"아니, 얘들아. 명절에 왔다가 그냥 가는 법이 어디 있니? 어서들 앉아라. 떡하고 수정과 좀 내올테니 먹고 가려무나."

엄마는 얼른 부엌으로 들어가셨다.

"우리 동네 어른들께 세배 드리자. 슈퍼마켓 할아버지 댁부터 시작하는 거야."

지태는 누구네 집에 가야 하는지 손가락을 꼽아가면서 세고 있었다. 엄마가 주신 음식을 맛있게 먹고, 나도 지태와 영재와 함께 세배하러 다녔다. 가는 집마다 맛있는 음식과 세뱃돈을 주셨다. 마지막으로 파출소에 가서 김순경 아저씨에게 세배를 한 후, 우리 삼총사는 놀이터로 향했다. 미끄럼틀 위에 올라가 셋이서 마주앉았다.

"오늘 절을 너무 많이 했나 봐. 다리가 다 아프다."

"영재야, 다리 좀 아프면 어떠냐? 맛있는 것도 많이 먹고 거기다가 세뱃돈까지 받고, 이거야말로 금상첨화(錦上添花)잖아? 나는 만날 설날이면 좋겠다."

물론 나도 지태의 말에 백 퍼센트 동감이다. 어디 일 년 내내 설날인 나라는 없나?

錦	錦				上	上			
添	添				花	花			

월 일 요일 날씨

2월

毛遂自薦

五里霧中

過猶不及

自暴自棄

漁父之利

一石二鳥

知彼知己百戰百勝

[毛遂自薦]

털 모　　이룰 수　　스스로 자　　천거할 천

▶ '모수'가 자신을 천거함.
　어떤 일이나 직책에 자신이 적당하다며, 스스로 나서는 것을 말한다.

"방학 즐겁게 지냈어요?"

"네!" 우리가 교실이 떠나갈 정도로 큰소리로 대답을 하자, 이어지는 선생님 말씀.

"방학 동안 열심히 놀았을 테니, 이제 공부도 열심히 하겠지?"

교실이 쥐죽은 듯 조용해진다. 왜냐하면, 아무도 대답을 하지 않았으니까.

"왜들 대답이 없지? 그래도 마음속으로는 큰 소리로 대답했지? 선생님은 그렇게 생각할 거야. 내말이 맞지?"

"네."

마지못해 대답하는 우리를 보고 선생님은 웃기만 하셨다.

"반장을 맡고 있던 영철이가 전학을 갔으니 누가 대신 반장 일을 맡아줘야겠는데……. 봄방학 전까지만 하면 되니까, 반장 선거를 따로 할 필요는 없을 것 같고. 누가 자진해서 나서면 어떨까?"

아이들 모두 주위만 두리번거릴 뿐 선뜻 나서질 않는다. 사실 좀 그렇다. 아무리 임시 반장이라고는 하지만 누가 추천하지도 않는데 나서기는 쑥스러운 일이 아닌가?

이때 경주가 벌떡 일어섰다.

"선생님, 제가 하겠습니다."

"경주가 임시 반장을 맡는 것에 반대하는 사람이 없다면 그렇게 하도록 하자. 찬성하는 사람은 손뼉을 치세요."

여자 애들이 일제히 손뼉을 치자, 남자 애들도 덩달아 손뼉을 쳤다. 그렇게 해서 우리 반 임시 반장은 경주가 맡게 되었다. 언제나 적극적인 경주지만 모수자천(毛遂自薦) 하리라고는 미처 생각 못했다. 자기가 하겠다고 했으니 경주는 아마 누구보다도 반장 역할을 잘 해낼 거다. 경주의 용기가 부럽기도 하고 한편으로는 샘도 난다.

| 毛 | 毛 | | | | 遂 | 遂 | | |
| 自 | 自 | | | | 薦 | 薦 | | |

월 일 요일 날씨

[五里霧中]

다섯 오　마을 리　안개 무　가운데 중

▶ 오리에 걸쳐 낀 안갯속.
어떤 일에 대해 전혀 알 길이 없을 때 쓰는 말이다.

"엄마, 내 운동화 못 봤어요? 왼쪽 신발이 없어요."

"왜 신발이 없니?"

아침에 일어나 보니 지난주에 엄마를 졸라서 산 농구화가 없어졌다. 어젯밤에 분명히 현관에 벗어 놓고 들어갔는데 아무리 찾아도 없었다.

"다른 신발은 제대로 있는데, 왜 상우 신발만 없는 거지? 이상한 일도 다 있구나."

온 집안을 샅샅이 찾아봤지만 어디에도 신발은 없었다.

"정말 오리무중(五里霧中)이로구나. 신발에 발이 달린 것도 아닌데 어딜 간 거지? 그리고 보니 재롱이가 아까부터 안 보이던데 재롱이가 물고 어디로 간 것이 아닐까?"

아니나 다를까. 내 운동화 한 짝은 결국 마당에 있는 재롱이 집에서 발견됐다. 그러나 이건 내 운동화가 아니었다. 진흙탕에 집어넣었는지 흙이 잔뜩 묻어 있었고, 고무 밑창에는 이빨 자국이 선명하게 나있었다.

"재롱이 이 녀석 도대체 어디 간 거야? 들어오기만 해봐라. 가만 놔두나."

"그런데 재롱이가 왜 상우 신발만 물고 간 거지?"

가만히 생각해보니 어제 내가 재롱이한테 좀 심하게 했나 보다. 집도 제대로 못 본다고 약을 올렸고, 공을 물고 오는 연습까지 시켰다. 공도 제대로 물고 오지 못하면서 남의 신발을 이 모양을 만들어 놓다니. 하루 종일 벼르고 있었는데 저녁이 되어도 재롱이는 나타나지 않았다. 날이 어두워지자 조금씩 걱정이 되었다.

밤 10시가 넘어 재롱이는 꼬리를 축 늘어뜨리고 돌아왔다. 운동화는 엄마가 깨끗이 빨아주셔서 새거나 다름이 없었다. 하긴 나도 잘못은 있다. 그렇게 약을 올렸으니 재롱이도 화가 날만 했을 거다. 나는 기가 죽어있는 재롱이를 쓰다듬어주며 말했다.

"반성하고 있는 것 같으니까 이번에는 용서해 줄게. 다시는 그러면 안 돼."

五	五				里	里		
霧	霧				中	中		

월 일 요일 날씨

過猶不及

지나칠 **과**　오히려 **유**　아닐 **불**　미칠 **급**

▶ 지나침은 모자람과 같다.
　지나치게 많은 것은 부족한 것과 마찬가지로 좋지 않다는 뜻이다.

'서울 하늘에도 달은 뜨는가?'

물론이다. 아무리 공해가 심해도 서울의 밤에 달은 뜬다. 저녁 설거지를 마치신 엄마가 방에서 신문을 보고 계시는 아빠를 부르는 소리가 들렸다.

"여보, 좀 나와 보세요. 달이 어쩌면 저렇게도 밝을까요?"

곧이어 이 방 저 방에서 문을 열고 나왔다. 초저녁잠이 많으신 할머니까지.

"옛말에 정월 대보름달을 보고 소원을 빌면 소원이 이루어진다고 했느니라. 우리 상우 소원은 뭐고?"

정작 대답해야 할 나는 가만히 있는데 대뜸 상미가 끼어들었다.

"오빠 소원은 김주성 오빠 같은 유명한 농구 선수가 되는 거래요. 앞에서 세 번째에 서는 키를 가지고요, 킥킥킥."

상미는 정말 못 말리는 아이다. 동생이라고 아무리 잘 봐주려고 해도 이럴 땐 정말 얄밉기만 하다. 틈만 나면 내 키를 약점으로 물고 늘어진다. 그러나 어찌하랴, 내가 참아야지.

"할머니, 지금 당장은 배가 좀 안 아팠으면 좋겠어요. 점심부터 식사를 걸렀더니 다리가 후들거리고 앞이 노랗게 보여요."

대보름이라고 엄마가 오늘 아침 밥상을 푸짐하게 차렸다. 오곡밥에 나물 그리고 내가 좋아하는 잡채도 있었다. 밥 한 그릇을 다 먹고 거기에 잡채 한 접시를 혼자서 다 먹은 것까지는 좋았다. 첫째 시간부터 배가 살살 아프기 시작하더니, 급기야는 화장실을 다녀와야 했다. 여자 애들 앞에서 그 무슨 망신.

"과유불급(過猶不及)이라고 하지 않니? 음식도 마찬가지야. 적당히 먹어야지."

그러나 아빠 말씀이 채 끝나기도 전에 나는 또 화장실로 달려가야 했다.

아이고, 달님 제발 배탈 좀 낫게 해주세요.

過	過				猶	猶			
不	不				及	及			

월 일 요일 날씨

自暴自棄

스스로 자 　 사나울 포 　 스스로 자 　 버릴 기

▶ 자신을 학대하고 자신을 내던짐.
　어떤 어려움에 부딪혀 자신감을 잃고, 의욕이 없는 상태를 말한다.

토요일이라 일찍 집에 돌아오니 강릉에 사시는 외숙모가 와 계셨다.

"상우야, 잘 있었니? 그새 키가 많이 자랐구나."

외숙모는 지섭이 형 학교 문제로 서울에 올라오신 거라고 했다. 지섭이 형은 내 외사촌인데 작년에 재수를 해서 올해 다시 대학 시험을 봤다. 그런데 이번에 또 떨어졌다고 한다. 아빠 말씀으로는 실력보다 무리하게 학교를 지원했기 때문이라고 하셨다.

"이번에도 떨어지니까 다시 공부할 생각이 들지 않는 모양이야. 곁에서 보기에도 안쓰럽고 어떻게 해야 할지 모르겠어. 그렇다고 대학을 포기할 수도 없고."

외숙모는 여간 걱정이 되는 게 아닌 모양이셨다.

"이따가 지섭이 오면 용기 좀 북돋아 주세요. 형부 말씀이면 지섭이도 생각이 달라질 거예요."

저녁이 되자 지섭이 형이 우리 집에 왔다. 아빠는 지섭이 형을 데리고 오랫동안 말씀을 하셨다. 지섭이 형은 말없이 고개만 푹 숙이고 앉아 있었다. 분위기가 너무 썰렁했나? 엄마가 오징어 안주에 맥주를 가져다주셨다.

"지섭이도 이제 어른이니까 맥주 정도는 마셔도 괜찮아. 한 잔 받아라. 그리고 기운 내야지. 앞으로 얼마나 많은 시간이 네 앞에 남아 있는데 벌써 자포자기(自暴自棄)해서야 되겠니? 묵묵히 공부하다 보면 일 년은 금방 지나갈 거야."

엄마는 항상 지섭이 형이 공부도 잘하고 성실하다고 늘 칭찬하셨는데, 형이 대학에 두 번씩이나 떨어진 걸 보면 대학 들어가기가 정말 어려운 일인가 보다. 또 지섭이 형은 키가 커서 농구도 얼마나 잘하는데.

지섭이 형, 기운 내세요. 형은 나의 우상이라고요.

지섭이 형, 화이팅!

自	自				暴	暴			
自	自				棄	棄			

월 일 요일 날씨

[漁父之利]

고기잡을 어   아버지 부   갈 지   이로울 리

▶ 어부의 이익.
   양편이 다투는 바람에 제 삼자가 이익을 보게 되는 것을 말한다.

36

아무리 생각을 해도 정말 억울한 일이다. 일이 이렇게 될 줄 누가 알았나?

상미와 내가 지난 설에 받은 세뱃돈을 모두 합치니까, 어마어마한 액수가 되었다. 상미와 나는 그 돈으로 게임기를 사기로 약속했었다. 그런데 상미가 마음이 변했다. 자기는 인형놀이세트를 사겠다는 것이었다. 뭐, 그 인형은 진짜 아기처럼 우유도 먹고 잘 때는 눈도 감는 데나? 또 자기 친구들은 모두 그 인형을 가지고 있는데 자기만 없다면서 부득부득 고집을 부렸다. 하여튼 여자 애들이란 정말 이해할 수가 없다. 그까짓 인형이 무슨 재미가 있다고 그러는지, 원.

"상미아, 약속을 했으면 지켜야지. 게임기 사기로 나랑 약속하고서는 이제 와서 딴소리 하기야?"

"그건 오빠 혼자서 약속한 거잖아. 내가 생각해본다고 그랬지, 언제 약속했어? 그리고 내가 받은 세뱃돈으로 내가 인형을 사는데 오빠가 무슨 상관이야."

달래도 안 되고 윽박질러도 소용이 없었다. 결국은 상미를 한 대 쥐어박아 울리고 말았다.

"상우야, 동생을 때리는 오빠가 어디 있니? 그리고 너희 세뱃돈 이리 내. 엄마가 가지고 있다가 형 컴퓨터 사는데 보태야겠다. 그러면 상우는 컴퓨터로 게임을 할 수 있잖니? 그리고 상미는 곧 3학년이 되는데 인형놀이 같은 건 이제 그만해야지."

체! 어부지리(漁父之利)라더니 괜히 싸우다가 형만 좋은 일 시켰다. 컴퓨터를 산다고 해도 공부하는데 방해된다며 나는 건드리지도 못하게 할 것이 분명하다. 이럴 줄 알았으면 상미는 인형 사라고 내버려두고, 나도 야구 방망이하고 글러브나 사는 건데. 아무튼 형은 참 좋겠다. 컴퓨터도 생기고……

漁	漁				父	父		
之	之				利	利		

【一石二鳥】

한일　　돌석　　두이　　새조

▶ 돌 하나로 두 마리 새를 잡음.

한 가지 일을 하여 두 가지 이득을 본다는 뜻으로, 일거양득(一擧兩得)과 같은 말이다.

38

상민이 형은 저녁을 먹자마자 곧장 독서실에 간다며 가방을 챙겨들었다. 오늘부터는 독서실에서 밤늦게까지 공부를 하고 온다고 했다.

"중학교 3학년이 되더니 상민이가 부쩍 공부에 신경이 쓰이는 모양이구나. 그래도 너무 무리하지는 마라."

엄마는 상민이 형이 무거운 가방을 들고 나서는 것이 안쓰러운 모양이었다. 아직은 날씨가 쌀쌀하다고 두꺼운 옷을 꺼내준다, 간식을 만들어준다 하며 형을 챙겨 주시는 것이었다.

체! 엄마는 형만 최고로 생각하는 것 같아 보고 있자니 괜스레 배가 아파진다.

"형, 나는 형이 왜 독서실에 가서 공부한다고 하는지 다 안다."

"왜긴 왜야. 집에 있으면 상미하고 네가 자꾸 방해를 하니까 그렇지."

형이 아무리 시치미를 떼도 이 상우는 다 알고 있다. 지연이 누나가 며칠 전부터 그 독서실에서 공부한다는 사실을. 또 상민이 형이 지연이 누나한테 관심이 아주 많다는 사실도.

"형! 독서실에 지연이 누나 보러 가는 거지? 공부하러 간다는 건 순 핑계 아냐?"

형은 얼굴까지 빨개지면서 아니라고 펄쩍 뛰었다.

"상우 너, 나한테 혼날 줄 알아."

주먹을 치켜들고 다가서는 형.

나는 얼른 아빠 뒤에 숨었다. 은근히 형이 야단맞기를 기대하면서. 그러나 나의 기대는 여지없이 무너지고 말았다. 껄껄껄 웃으신 우리 아빠 말씀.

"독서실에 가서 공부도 하고 좋아하는 여자 친구도 볼 수 있다면 그것보다 좋은 게 없지. 그거야말로 일석이조(一石二鳥)구나. 상민이가 누굴 닮아서 이리 똑똑한 거지?"

| 一 | 一 | | | | 石 | 石 | | |
| 二 | 二 | | | | 鳥 | 鳥 | | |

월 일 요일 날씨

知彼知己百戰百勝

알지 저피 알지 자기기 일백백 싸울전 일백백 이길승

▶ 상대를 알고 나를 알면 백 번 싸워 백 번 이긴다는 말. 지피지기백전불태(知彼知己百戰不殆)는 적을 알고 나를 알면 백번을 싸워도 위태로워지지 않는다는 말

어쩌면 이천수 형은 그렇게 축구를 잘할까? 형이 공을 차기만 하면, 나는 안심이 된다. 그리고 골도 매우 잘 넣는다. 프리킥을 찰 때면 나는 골이 될 것이라 확신한다. 바나나처럼 휘어 들어가 골문으로 들어가는 것을 보면 기분이 좋다.

오후에 텔레비전에서 축구 시합을 중계 방송했다. 울산 현대와 FC 서울의 경기였다. 오늘 시합은 정말 손에 땀을 쥐게 했다. 양쪽 선수들 모두 매우 잘했다. 울산 현대의 이천수 형이 먼저 한 골을 넣었다. 하지만, FC 서울의 박주영 형이 곧바로 골을 넣었다. 하지만, 결국은 울산 현대가 이겼다. 상민이 형은 FC 서울을, 나는 울산 현대를 응원했다. 왜냐하면 내가 좋아하는 이천수 형이 울산 현대 선수이니까.

"야, 울산 현대가 이겼다. 형, 내가 이겼다. 그러니까 이번 주는 형이 방청소 하는 거다. 신난다."

형하고 나는 내기를 했었다. 자기가 응원하는 편이 지는 사람이 방청소를 하기로 말이다. 형하고 나는 같은 방을 쓰는데 늘 서로 청소를 안 하려고 해서 엄마한테 자주 꾸중을 듣는다. 우리와 같이 축구를 보시던 엄마도 정말 재미있어 하셨다.

"엄마, 이천수 형은 어쩌면 저렇게 축구를 잘하죠? 시합만 했다 하면 이긴다고요."

"글쎄다. 열심히 연습한 결과겠지. 또 지피지기(知彼知己)면 백전백승(百戰百勝)이라고 하지 않니? 엄마가 보기에는 이천수 선수가 상대편의 장점과 약점을 잘 알고 있기 때문인 것 같구나."

상대를 알고 또 나를 안다? 도대체 어떻게? 나로서는 도무지 알 수가 없다. 하는 수 없지. 이천수 형한테 직접 물어보는 수밖에. 이천수 형한테 편지를 쓰기로 했다. 공책 두 장에 가득히 쓰고, 맨 마지막에는 답장을 꼭 해달라는 부탁도 잊지 않았다.

知彼知己百戰百勝

知彼知己百戰百勝

월 일 요일 날씨

3월

曲學阿世

桃園結義

溫故知新

彌縫策

覆水難收

拔本塞源

[曲 學 阿 世]

굽을 곡　　배울 학　　아첨할 아　　세상 세

▶ 자기가 배운 것을 올바르게 펴지 못하고 굽혀가면서
세상에 비위를 맞추어 출세하려는 태도나 행동을 뜻한다.

　오늘은 삼일절. 야, 신난다! 왜냐하면, 하루 종일 텔레비전이 나오는 날이니까. 오전 내내 텔레비전에서 하는 만화 영화를 채널을 돌려가면서 보고 있었다.

　그때 상민이 형이 신문을 뒤적여 방송프로그램을 보더니 한마디 했다.

　"상우야, 오늘이 삼일절인데 만화나 보고 있으면 되겠어?"

　"그럼 뭘 봐야 하는 건데?"

　순정 만화를 못 보게 한다고 불만이던 상미가 고소하다는 듯이 쳐다보며 묻는다.

　"오늘 같은 날은 애국지사들의 얘기라든가, 뭐 그런 걸 봐야 하지 않겠냐?"

　그러더니 삼일절 특집극을 하고 있는 채널로 돌려버렸다.

　치, 그 드라마에 형이 좋아하는 여자 탤런트가 나온다는 걸 내가 모를까 봐. 형과 채널권을 놓고 한 판 승부를 벌이려는 순간 등장한 아빠.

　"그래, 그 드라마 예고편이 괜찮던데 어디 나도 좀 볼까?"

　일이 이렇게 되면 하는 수 없지, 내가 항복하는 수밖에.

　내용은 일본 강점기 시골 마을에서 자란 두 친구의 얘기였다. 일본으로 유학을 갔던 두 친구는 한국으로 돌아와 한 사람은 독립운동에 뛰어들고, 다른 한 사람은 검사가 되어 독립운동을 하는 친구를 교도소에 가게 한다는 내용이었다.

　"공부를 많이 하는 것은 좋은 일이야. 하지만, 정작 중요한 건 배운 것을 어떻게 쓰느냐 하는 거란다. 곡학아세(曲學阿世)한다면 아무리 공부를 많이 해도 훌륭한 사람이라고 할 수 없겠지."

　배운 것을 바르게 활용하라는 아빠 말씀. 무엇이 올바른 걸까? 아빠는 늘 어려운 얘기만 하신단 말이야. 하지만, 오늘 본 드라마의 두 주인공 가운데 누가 훌륭한 사람인가 하는 것만은 나도 분명하게 알 수 있었다.

| 曲 | 曲 | | | | 學 | 學 | | |
| 阿 | 阿 | | | | 世 | 世 | | |

45

[桃 園 結 義]

복숭아 도   동산 원   맺을 결   옳을 의

▶ 도원(복숭아밭)에서 의형제를 맺음.
죽을 때까지 뜻을 함께 할 것을 맹세하는 굳은 결의를 말한다.

봄방학도 끝나고 이제 나도 5학년이 되었다. 학교에 처음 입학할 때는 5학년 형들이 어른처럼 보였는데 이제 나도 그렇게 보일까? 학년이 올라가서 좋은 것만은 아니다. 4학년 동안 내내 붙어 다니던 우리 삼총사가 흩어지게 된 것이다. 영재와 나는 다행히 같은 2반이 되었지만, 지태는 4반으로 가게 되었다.

"그래도 같은 동네에 살고 학교에서 매일 만날 텐데 뭐."

지태는 말은 그렇게 하면서도 굉장히 섭섭한 것 같았다.

"지태도 우리랑 같은 반에서 공부하게 해달라고 선생님께 졸라보면 어떨까?"

과연 영재다운 생각이었다. 하지만, 모두 친한 친구하고 같은 반을 하려고 한다면 어떻게 될까? 나도 별 뾰족한 방법이 생각나지는 않았다. 그렇다고 선생님께 그런 억지를 부릴 수는 없는 일이었다.

시무룩해 있는 우리를 보고 계시던 엄마가 부엌으로 들어가시더니 우리를 부르셨다.

"얘들아, 이리 와서 피자 먹어라."

"엄마, 웬 피자예요?"

"너희 주려고 만들었지. 어서들 먹어. 그리고 내 얘기 좀 들어볼래?"

엄마는 『삼국지』에 나오는 세 사람, 유비, 관우, 장비에 대해 들려주셨다. 세 사람은 뜻을 같이하기로 맹세하고 죽을 때까지 의리를 지켰다는 그런 얘기였다. 그들이 그런 맹세를 한 장소가 복숭아밭이어서 도원결의(桃園結義)라고 한다는 것까지 일러주셨다.

"우리도 의형제를 맺는 게 어때? 복숭아밭까지 찾아가려면 너무 머니까 지금 여기서 하자. 피자를 먹으면서 맹세를 하면 피자결의가 되나?"

엉뚱한 영재 때문에 모두 웃었지만, 오늘 우리 삼총사는 언제까지나 우정을 지킬 것을 약속했다.

桃	桃				園	園		
結	結				義	義		

월 일 요일 날씨

[溫 故 知 新]

익힐**온**　옛**고**　알**지**　새로울**신**

▶ 옛것을 익혀 새것을 안다.

오늘은 우리 집 고추장 담그는 날이다. 할머니 지휘 아래 엄마가 바쁘게 움직이셨다.

"할머니, 제가 할 일은 없어요?"

"이 일이 상우한테는 재미있어 보이는 모양이구먼. 상우야, 그러지 말고 들어가서 고모 좀 나오라고 해라."

고모는 텔레비전에서 하는 영화를 보고 있었다.

"너도 시집가려면 장 담그는 것을 배워야지. 그러고 서 있지 말고, 이리 와서 좀 거들어라."

"요즘 집에서 고추장 담가 먹는 사람들이 어디 있어요. 사다가 먹으면 간단할 것을……. 성가시게 뭐 하러 집에서 해요? 고추장 담글 시간 있으면 책을 한 장 더 보는 게 낫지. 우리 집도 내년부터는 사다가 먹도록 해요. 언니도 그렇게 하는 게 좋겠죠?"

고모는 고추장 같은 건 담그지 못해도 상관없다는 투였다. 엄마도 고모랑 같은 생각을 하고 계신 모양이었다. 하지만, 할머니 얼굴만 쳐다볼 뿐 선뜻 대답을 하지 못하셨다.

"쯧쯧쯧, 번거롭고 거추장스럽다고 옛것을 외면하고 편리한 신식만 찾는다면, 얼마 못 가서 우리 것은 아무것도 남지 않을게다. 온고지신(溫故知新)이라고 하지 않느냐. 옛것을 모르면 새로운 것도 제대로 알 수가 없는 법이니라. 우리 것은 소중한 것이야!"

할머니가 자못 엄숙하게 말씀하시자, 고모는 하는 수 없다는 듯이 소매를 걷고 엄마를 돕기 시작했다. 우리 할머니는 참 말씀을 잘하신다. 꼭 텔레비전에 나와서 연설하는 사람처럼. 그런데 말이에요, 할머니. '우리 것은 소중한 것이야!' 이건 어디서 많이 듣던 말 같은데요?

溫	溫				故	故			
知	知				新	新			

월 일 요일 날씨

[彌 縫 策]

꿰맬 미   꿰맬 봉   계책 책

▶ 실로 꿰매는 계책이라는 뜻으로
　빈 곳이나 잘못된 것을 임시로 꾸며대어 눈가림만 하는 것을 말한다.

점심시간이었다. 아빠가 사주셨다며 윤호가 농구공을 가지고 와서 자랑을 했다.

"우리 아빠가 마당에 농구 골대도 만들어 주신다고 하셨어. 골대 만들면 너희도 우리 집에 와서 농구 경기를 할 수 있게 해줄게."

"너희 집은 아파트잖아. 아파트에다가 어떻게 농구 골대를 만드냐?"

"상우 너, 모르고 있구나. 우리 집 이사했어. 마당이 얼마나 넓은데, 축구도 할 수 있을 정도라고."

윤호 녀석은 정말 마음에 안 든다. 언제나 무언가를 가지고 와서는 아빠가 사줬다느니, 미국에 있는 삼촌이 보내줬다고 자랑이다. 치! 누가 부러워할 줄 알고.

"상우야, 너 나중에 농구 선수 될 거라고 했지? 어디 이 공으로 시범 한 번 보여줘 봐. 어서. 공 여기 있어."

윤호는 아이들 앞에서 나를 망신 줄 생각인 모양이었다. 농구공이 얼마나 무거운데 그걸로 시범을 보이라니. 하지만, 물러설 내가 아니었다. 공을 바닥에 몇 번 튀기다가 벽을 향해 던졌다. 제대로 던졌나 싶었는데 웬걸, '와장창' 교실 유리창이 깨졌다. 벽을 맞고 튀어 나간 공이 하필이면 유리창에 맞을 건 뭐람.

"유리창은 방과 후에나 갈아 끼울 수 있을 텐데……. 바람이 새어 들어와서 어쩐다지? 미봉책(彌縫策)이지만 우선 종이로라도 막아놔야겠구나. 그리고 상우는 오늘 집에 돌아가기 전에 반성문을 내도록 한다. 알겠지?"

혼자 남아 반성문을 쓰고 집으로 가는데, 어디서 나타났는지 윤호가 나를 불렀다.

"상우야, 미안하다. 너를 약 올려줄 생각이었지만 유리창이 깨질 줄은 몰랐어."

이럴 때 보면 윤호도 꽤 괜찮은 녀석이란 말이야. 내가 먼저 손을 내밀었고 우리는 사나이답게 악수를 하고 헤어졌다.

彌	彌				縫	縫			
策	策								

월 일 요일 날씨

[覆 水 難 收]

엎을 복　　　물 수　　　어려울 난　　　거둘 수

▶ 한 번 엎질러진 물은 담을 수 없음.
이미 저질러진 일은 다시 돌이킬 수 없다는 뜻이다.

사회 시간이었다.

"우리가 살고 있는 지구의 주인이 누구인지 알고 있니?"

선생님이 답답한 말씀을 하신다. 지구가 물건도 아니고 집도 아닌데 웬 주인?

"선생님, 지구는 그냥 지구일 뿐이지 주인이 따로 있나요?"

"그러면 상우야, 너는 주인도 아니면서 왜 지구에서 살고 있는 거지?"

선생님 말씀은 이랬다. 지구의 주인은 어느 누구도 아닌 바로 우리이며, 그건 우리가 미래의 주인공이기 때문이라고 하셨다.

"너희가 바로 지구의 주인이니까, 지구를 지키고 가꾸는 일은 너희 스스로 해야 하지 않겠니?"

"아니에요. 선생님. 지구는 독수리 오형제가 지키기로 했는데요."

아이고, 엉뚱한 영재.

"하하하. 영재가 아니면 우리 반에 웃을 일이 없겠구나. 자, 선생님 얘기를 마저 들어봐라. 지구는 지금 병들어 있단다. 그건 그동안 사람들이 자연을 이용할 줄만 알았지 보살피지 않았기 때문이야."

해마다 여름이면 기온이 점점 올라가는 것도 대기가 오염되었기 때문이고, 바다에 플랑크톤이 살 수가 없어 물고기가 줄어드는 것도 사람들이 폐수를 마구 버리기 때문이라고 하셨다.

"이대로 가면 지구는 병들어서 다시 살릴 수 없을거야. 복수난수(覆水難收)의 경우가 되지 않으려면 지금부터라도 지구를 보살펴야 한단다."

수업을 마치며 선생님은 지구를 살리기 위해 우리가 할 수 있는 일을 열 가지씩 적어오라고 숙제를 내주셨다. 음~. 내가 할 수 있는 일은 과연 무엇일까?

覆	覆				水	水			
難	難				收	收			

월 일 요일 날씨

[拔 本 塞 源]

뽑을 **발**   근본 **본**   막을 **색**   근원 **원**

▶ 뿌리를 뽑고 근원을 막음. 무슨 일을 후환이 없도록
잘못된 원인을 찾아서 처음부터 바로잡는다는 뜻이다.

일찍 퇴근해 들어오신 아빠는 신문을 보고 계셨다.

"아빠, 신문이 그렇게 재미있어요? 한문도 있고 글씨도 작은데……."

"한문을 쓰지 않는 신문도 있어. 하지만, 상우는 아직 신문을 읽기에는 어리지. 지금은 네 나이에 맞는 좋은 책을 많이 읽어두렴."

이때 엄마가 부엌에서 아빠를 부르셨다.

"당신은 무슨 신문을 그렇게 오래 보고 있어요? 싱크대 고장 난 것 좀 고쳐달라고 한 게 언젠데, 들은 체도 안 하고."

"응. 곧 나갈게. 그나저나 정말 한심한 일이야. 세금 횡령한 공무원들이 구속됐는데 횡령 액수가 정말 엄청나더군. 이래서야 어디 세금 내고 싶은 생각이 들겠나?"

아빠는 흥분하셨는지 목소리가 커졌다. 국민이 낸 세금을 국고에 넣지 않고 중간에서 가로챈 사람들이 발각되었다는 얘기는 나도 텔레비전 뉴스 시간에 본 것 같았다.

"아빠, 그러면 그 사람들은 어떻게 되는 거예요?"

"나쁜 일을 했으니 벌을 받게 되겠지. 하지만, 한두 사람만 조사해서 될 일은 아닌 것 같아. 발본색원(拔本塞源)해서 다시는 그런 일이 생기지 않도록 해야지."

아빠는 신문을 접어놓고 부엌으로 가셨다. 공무원은 국민에게 봉사하는 사람이라고 배웠는데, 왜 이런 일이 생기는 거지? 아빠가 보시던 신문을 펼쳐 놓고 읽어봤지만 전부 어려운 얘기뿐이었다.

"상우야, 철물점에 가서 철사를 좀 사와야겠구나."

아빠가 부르셨다. 그래, 아직은 내가 알 수 없는 일이 세상에는 많아. 하지만, 이 상우가 언제까지 열두 살은 아닐 테니까, 내가 어른이 되었을 때에는 이런 일로 아빠처럼 흥분하는 일은 없었으면 좋겠다.

| 拔 | 拔 | | | | 本 | 本 | | | |
| 塞 | 塞 | | | | 源 | 源 | | | |

월 일 요일 날씨

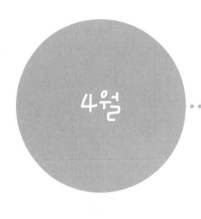

4월

三人成虎

兩者擇一

沙上樓閣

矛盾

作心三日

五十步百步

群鷄一鶴

[三人成虎]

석삼　　사람인　　이룰성　　범호

▶ 세 사람이 똑같은 말을 하면 없는 호랑이도 있는 것으로 알게 됨.
미심쩍거나 믿기 어려운 일도 여러 사람이 똑같이 말하면 믿게 된다는 말이다.

"상우야, 선생님이 너 교무실로 좀 오라고 하시더라."

"무슨 일로 부르시는 거지?"

교실 문을 나서는데 숨을 헐떡거리며 달려온 영재가 선생님께 빨리 가보라고 했다. 나 때문에 선생님이 화가 잔뜩 나셨다는 것이었다.

선생님은 몸이 불편하셔서 일찍 들어간다고 하셨는데……. 아하! 오늘이 만우절이지. 영재가 나를 골탕 먹이려고 그러는 게 분명했다.

"선생님 퇴근하신 거 나도 알아. 너 오늘이 무슨 날인지 내가 모를까 봐서 그러니?"

감히 나를 놀려먹으려고 하다니. 영재의 말을 무시하고 그냥 집에 가려고 하는데 경주하고 민수가 막 뛰어 와서는 선생님이 나를 찾으신다며 빨리 가보라고 했다.

"너희 모두 짜고 나를 놀리는 거지? 그래도 난 안 속아."

"아니야. 선생님이 너 교무실에 와서 기다리라고 하셨어. 안 가볼 거야? 그러다가 나중에 선생님께 더 혼나면 어떡하려고 그러니?"

아무리 만우절이지만 여럿이서 이렇게 얘기하니까 은근히 걱정이 되었다. 오늘 아침 자습 시간에 몰래 빠져나가 운동장에서 논 걸 선생님이 아셨나?

교무실에 가서 한참을 기다려도 선생님은 오시지 않았다.

"너 왜 그러고 서 있니?"

음악 선생님이셨다. 이러저러해서 선생님을 기다리고 있는 중이라고 말씀드렸다.

"너희 선생님은 벌써 퇴근하셨는걸. 만우절이라 친구들이 장난을 한 모양이로구나."

오늘 하루 잘 넘어가나 싶었더니, 결국은 영재한테 당하고 말았다. 여럿이서 똑같은 말을 하니 믿을 수밖에. 삼인성호(三人成虎)라는 말도 있지 않은가. 영재 너, 어디 두고 보자. 내년 만우절이 벌써 기다려진다.

| 三 | 三 | | | 人 | 人 | | |
| 成 | 成 | | | 虎 | 虎 | | |

59

월 일 요일 날씨

[兩者擇一]

두양　사람자　가릴택　한일

▶ 두 가지 중 한 가지를 택하다.

'산에 산에 산에다 나무를 심자~♩ ♪ ♫♫~메아리가 살게 시리~나무를 심자~♫♫♫~'

오늘은 식목일. 아침부터 상미는 삽을 찾는다, 양동이를 가져간다 하며 수선을 피웠다. 엄마만 집에 남기로 하고 다른 식구들은 모두 나무를 심으러 가기로 했다.

"아빠, 전 집에 있을래요. 내일까지 해야 할 숙제가 많아요."

말은 그렇게 했지만, 사실은 텔레비전에서 재미있는 만화 영화를 하기 때문이었다.

"그래? 그럼 엄마 대신 상우가 집을 보면 되겠네."

아빠는 그러라고 하셨고, 엄마도 내 덕분에 산에 가서 바람을 쐬고 오게 되었다며 좋아하셨다.

"상우야, 세탁기 돌렸으니까 조금 있다가 빨래 좀 널어줄래? 그리고 재롱이 목욕 좀 시켜라. 어제 어디를 돌아다녔는지 털에 흙이 많이 묻었더구나. 하나만 더 부탁할게. 마당 좀 쓸고 물 좀 뿌릴래?"

이건 정말 너무했다. 나무 심으러 가는 게 싫어서 집에 있겠다고 했다가 일만 잔뜩 하게 되다니.

"아빠, 저도 나무 심으러 갈래요."

"하하하, 우리 상우가 왜 금방 마음이 바뀐 거지?"

"양자택일(兩者擇一)해야 한다면, 집에서 일하느니 나무 심으러 가는 게 훨씬 나을 것 같아서요."

혼자 집에 남아 만화영화를 보려던 내 계획은 이렇게 해서 수포로 돌아갔다. 하지만, 오랜만에 산에 가서 나무도 심고 물도 주고. 아마도 이런 날을 보람찬 하루라고 하는 거겠지?

| 兩 | 兩 | | | 者 | 者 | | | |
| 擇 | 擇 | | | 一 | 一 | | | |

[沙上樓閣]

모래 사　위 상　다락 누　누각 각

▶ 모래 위에 지은 누각.
어떤 일이나 사물의 기초가 견고하지 못함을 일컫는 말이다.

엄마 심부름으로 형과 함께 반포에 있는 큰 고모 댁에 다녀왔다. 버스가 한강을 지날 때였다. 형과 나는 깜짝 놀랐다. 강 건너 편으로 커다란 건물이 무너져 있는 것을 보았기 때문이었다. 가끔 뉴스에서나 보던 것을 실제로 보니 기분이 묘하기까지 했다.

"형, 저것 좀 봐. 건물이 완전히 무너졌어. 텔레비전으로 볼 때는 그저 그런가 보다 했는데, 진짜 보니까 무지 오싹하다. 그렇지? 그런데 형, 건물이 왜 무너져?"

"그건 말이야, 건물을 지을 때 기초 공사를 제대로 하지 않았기 때문이야. 사상누각(沙上樓閣)이었던 거지. 공부도 마찬가지야. 너도 이제 5학년이잖아. 지금부터 열심히 공부하지 않으면 중학교에 가서 따라가기가 어려워. 공부에도 기초 공사가 중요한 거라고."

상민이 형은 가끔 공자님 같은 소리를 한다. 그리고 무너진 건물 이야기를 하다가 갑자기 공부 얘기는 왜 꺼낸단 말인가. 치! 자기가 공부를 잘하니까 툭하면 그 얘기란 말이야.

큰 고모가 사는 아파트에 도착해 엘리베이터를 탔다. 고모는 아파트 13층에 살고 계신다. 고모는 우리를 반기시며 오늘 자고 가라고 하셨다.

"고모, 이 아파트는 언제 지었어요?"

"아마도 한 십 년 가까이 될 거야. 그런데 상우야, 갑자기 그건 왜 묻는 거니?"

"고모 아무래도 전 오늘 집에 가야겠어요. 이 아파트 기초 공사가 튼튼한지 믿을 수가 없다고요."

"상민아, 상우가 무슨 소리를 하는 거냐? 통 알 수가 없구나."

"고모, 신경 쓰지 마세요. 상우가 버스에서 졸더니 꿈을 꾼 모양이에요."

먼저 기초 공사 얘기를 한 사람이 누군데, 형이 저렇게 나오다니. 하지만, 형이 옳다. 고모는 모르시는 게 나을 거다. 만약 아파트가 갑자기 무너질 수 있다는 생각을 하면 고모는 하루도 편히 잠을 못 주무실 테니까.

沙	沙				上	上			
樓	樓				閣	閣			

월 일 요일 날씨

[矛 盾]

창모   방패순

▶ 창과 방패. 자신이 한 말이나 행동의 앞뒤가 맞지 않는 것을 말한다.

방에서 숙제를 하고 있는데 상미가 울면서 들어왔다.

"오빠, 놀이터에서 노는데 어떤 남자 애가 날 때렸어. 엉엉."

감히 상우의 동생을 때리다니. 나도 가끔은 상미를 쥐어박을 때가 있지만, 그건 어쩌다 나도 모르게 그러는 거지, 상미를 아프게 하려고 그러는 건 절대로 아니야. 상미가 우는 것을 보니 화가 치밀었다.

"도대체 어떤 녀석이야. 내가 혼내줄 테니 따라와."

상미를 때린 아이는 며칠 전 새로 이사 온 아이였다.

"야, 너 왜 남의 동생을 때리고 그래?"

"어쭈, 쪼끄만 녀석이 세게 나오는데."

그 애는 나보다 키도 크고, 덩치도 우리 반에서 제일 큰 민수만 했다. 싸워봤자 결과는 뻔해 보였다. 그렇다고 여기서 물러서면 상미 앞에서 오빠 체면이 말이 아니고. 이를 어쩐다? 그때 마침 그 아이의 누나가 그 애를 부르러 왔다. 그 아이는 나보고 운이 좋다며 가버렸다. 집으로 돌아와 상미는 엄마께 오늘 일을 모두 얘기했다.

"아니, 상우야. 오빠가 되어서 동생이 맞고 왔는데, 그냥 있었단 말이니?"

엄마는 상미가 맞고 온 것이 무척 속상하신 모양이었다.

"엄마, 다른 애들하고 싸우지 말라고 하신 건 엄마잖아요. 그래 놓고서는 지금 와서 제가 그 아이랑 싸우지 않았다고 나무라시면 그건 모순(矛盾)이라고요."

머쓱해진 엄마 곁에서 아빠가 한 마디.

"하하하, 우리 상우가 언제부터 그렇게 엄마 말씀을 잘 들었지? 상우야, 혹시 그 애가 너보다 덩치가 두 배는 크지 않았니?"

아빠가 저렇게 잘 아시는 걸 보면, 아빠도 나 같은 경험이 있으신 게 분명하다.

矛 矛

盾 盾

월 일 요일 날씨

[作 心 三 日]

지을**작**　마음**심**　석**삼**　날**일**

▶ 마음먹은 것이 사흘을 못 감. 결심이 굳지 못함을 가리킨다.

66

오늘 점심시간에 있었던 일은 생각할수록 자존심이 상한다. 윤호 녀석 정말 괘씸하다. 그 자리에서 녀석을 한방 먹여 주지 못한 것이 억울해서 못 견딜 지경이다.

따르릉. 점심시간을 알리는 종이 울리자마자, 지태와 영재가 도시락을 들고 내 책상으로 왔다. 도시락 뚜껑을 막 열려고 하는데 건너편 윤호 책상에 모인 아이들이 저희끼리 뭐가 좋은지 신나게 웃고 있었다. 조금 있으니까 윤호가 내 책상으로 다가왔다. 한껏 뽐내는 얼굴이었다.

"윤호가 오늘은 또 무슨 일로 저러는 거야?"

영재의 표정은 이미 험악해지고 있었다.

윤호는 요즘 매일 아침 아버지를 따라 동네 약수터에 올라간다고 했다. 새벽 6시에 일어나서 운동도 하고 물도 떠온다는 것이다. 그런데 정작 중요한 건 그 약수터에서 유희를 만난다는 것이 아닌가? 유희는 우리 반 여자 애들 가운데 제일 예쁘고 공부도 잘하는 아이다. 그렇지만, 새침데기라서 남자 애들하고는 잘 놀지도 않는다.

"유희가 이번 토요일에 자기네 집에 놀러 오라고 그랬다. 유희 생일이래. 남자 애들 중에서는 나만 초대하는 거라고 하더라."

윤호의 자랑이 길어지니까 슬며시 약이 올랐다.

"나도 그 정도는 할 수 있어. 아침에 운동하는 게 뭐가 힘든 일이라고 자랑이냐?"

대뜸 그렇게 쏘아붙였다. 그러나 정작 내 자존심이 상한 것은 윤호의 대답이었다.

"너 정말 할 수 있어? 너는 아마 작심삼일(作心三日)일 걸"

그 순간 나는 할 말을 잃었다. 도저히 참을 수가 없었다. 이 상우를 무시하다니. 두고 보라지. 당장 내일부터 나도 약수터에 올라갈 테니. 하지만, 새벽에 일어날 걸 생각하니 아찔했다. 엄마에게 꼭 깨워달라고 했지만 솔직히 자신이 없는데……

| 作 | 作 | | | | 心 | 心 | | |
| 三 | 三 | | | | 日 | 日 | | |

월 일 요일 날씨

[五 十 步 百 步]

다섯 오　열 십　걸음 보　일백 백　걸음 보

▶ 좀 낮고 못한 정도의 차이는 있으나 본질적으로는 차이가 없음.
'도토리 키 재기'와 같은 뜻으로 쓰인다.

"도대체 청소를 얼마나 안 했으면 방이 이 모양이니? 옷은 옷장에 걸어야지 바닥에 쌓아놓으면 어떻게 해. 책상 위는 또 왜 이렇게 지저분하고?"

아침에 우리를 깨우러 방에 들어온 엄마는 정말 어처구니없다는 표정이셨다. 사실은 어제 청소를 해야 했는데, 형하고 서로 미루다가 그냥 놔둔 것이다.

"아침부터 왜 이리 소란스러워?" 아빠가 우리 방문을 열고 들어오셨다.

"아이고, 이런. 돼지우리가 따로 없구나. 이 녀석들 청소 좀 해라. 응?"

"당신도 마찬가지예요. 아이들만 나무랄 일이 아니라고요. 신문은 보고 나면 탁자 위에 얹어 놓든지 하지 늘 아무 데나 던져놓고. 재떨이는 생전 비우지도 않고 한구석에 밀쳐놓고, 양말은 또 아무 데나 벗어놓고……."

"그래도 나는 어제 안방을 쓸고 닦고 했잖아. 아이들 야단치다가 왜 갑자기 나를 몰아붙이는 거지? 당신 뭐 기분 나쁜 일이라도 있는 거야?"

"어쩌다 청소 한 번 한 것 가지고 생색내지 말아요. 그것도 내가 시키니까 억지로 한 거잖아요. 어떻게 어른이 되어서 애들하고 비교를 해요. 당신이나 애들이나 어질러놓고 치울 줄 모르는 건 마찬가지라구요. 오십보백보(五十步百步)라는 말이 딱 맞아요."

말을 마친 엄마는 아침 먹으러 나오라며 부엌으로 들어가셨다.

"상민아, 상우야. 너희들 오늘 학교 마치면 곧장 집으로 와서 집안 대청소 좀 해라. 아빠도 일찍 들어와서 거들 테니까."

아빠는 엄마가 저기압일 때는 우리가 알아서 처신을 하라고 하신다. 정말 알 수가 없다. 엄마보다 힘도 세고 우리 집의 가장이신 아빠가 엄마를 무서워하시다니. 아빠 말씀에 따르면 가정의 평화를 위해 아빠가 참는 거라고 하시지만, 우리도 다 알고 있다고요. 아빠는 엄마 눈초리가 조금만 올라가도 꼼짝 못하신다는 걸.

五十步百步五十步百步

월 일 요일 날씨

群 鷄 一 鶴

무리 군   닭 계   한 일   두루미 학

▶ 여러 닭 중 한 마리의 학.
여럿 중 단연 뛰어난 사람을 가리킬 때 쓰는 말이다.

우리 고모는 세상에서 자기가 제일 예쁜 줄 착각하고 있다. 아빠나 형이 텔레비전에 나오는 여자 탤런트를 보고 한마디 칭찬이라도 하면, 그냥 듣고 넘기지를 못한다. 얼굴이 너무 길다느니, 눈이 작다느니 하며 항상 트집을 잡는다. 그러면 할머니께서 한심하다는 표정으로 말씀하신다.

"그러면 얼굴도 길지 않고 눈도 작지 않은 너는 왜 아직 시집도 못 가누?"

"제가 어디 못 가는 건가요? 안 가는 거지?" 늘 얘기는 이렇게 끝이 난다.

오늘은 고모가 사진을 가져와 식구들이 돌려봤다. 지난 토요일에 고모 회사에서 야유회를 갔었는데, 그때 찍은 것이라고 했다. 고모가 다니는 회사는 아기 옷을 만드는 회사인데, 우리 고모는 그 회사의 디자이너다. 그래서 늘 집에 와서도 스케치북을 펴놓고 아기 옷을 그리곤 한다.

"고모 회사 디자이너는 모두 여자예요?"

"아기 옷이라서 그래. 남자들이 아기에 대해서 뭘 알겠니?"

"고모는 꼭 여권운동가 같아요. 남자를 너무 우습게 본다니까."

"상민이 너는 뭘 잘못 알고 있구나. 남자를 우습게 보거나 나쁘게 얘기하는 사람이 여권운동가가 아니란다. 여자도 남자와 마찬가지로 인권을 가진 자유로운 인간이라는 사실을 알리는 사람이 바로 여권운동가야."

형 얘기를 듣고 있던 엄마가 큰일 날 소리를 한다며 형을 나무랐다.

그때였다. 여태 아무 말씀도 않고 찬찬히 사진을 들여다보시던 우리 할머니.

"여자들이 많기는 해도 우리 딸 만한 인물이 없구나. 네가 단연 군계일학(群鷄一鶴)이다. 역시 넌 날 닮았단 말이야."

세상에! 고모의 착각이 할머니한테서 물려받은 거였다니……

群	群			鷄	鷄			
一	一			鶴	鶴			

월 일 요일 날씨

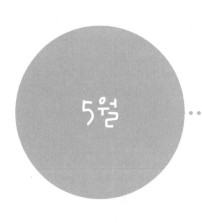

5월

鶴首苦待

雪上加霜

鳥足之血

目不識丁

鐵面皮

龍頭蛇尾

汗牛充棟

袖手傍觀

井底之蛙

[鶴首苦待]

두루미 학   머리 수   괴로울 고   기다릴 대

▶ 학의 목처럼 길게 늘여 기다림. 몹시 기다리는 모양새를 가리킨다.

아빠는 어린이날에 롯데월드에 데려가 주시겠다고 약속을 하셨다. 상미와 나는 목을 빼고 오늘을 기다렸다. 그런데 아침에 일어나보니 아빠가 안 계셨다. 아빠는 회사에 급한 일이 있다는 연락을 받고 아침 일찍 나가셨다고 했다.

"그런 게 어디 있어요. 정말 너무해요. 나한테는 한 마디도 안 하시고 그냥 나가셨단 말이에요? 아빠 회사 사람들은 어린이날이 뭐 하는 날인지도 모르나 봐요. 어린이날은 아이들을 위해서 봉사하는 날이라고요."

"상우야, 그만 투덜거려라. 엄마가 오늘 맛있는 것도 만들어주고, 재미있는 영화도 보여줄 테니까."

엄마는 몰라서 그러시는 거다. 오늘 아빠하고 놀러 간다고 친구들한테 얼마나 자랑했는데, 이제 와서 못 가게 되다니.

"어머나! 상우야, 너 왜 그렇게 입을 내밀고 있니? 옆에서 보니까 꼭 오리입하고 똑같이 생겼구나."

남의 속도 모르고 고모가 약을 올린다.

"상우가 오늘을 학수고대(鶴首苦待)하더니 실망이 큰가 보구나. 하지만, 한 번 생각해봐. 어린이날은 아이들을 위해 봉사하는 날이라고 했는데, 아빠는 일 년 내내 너희한테 봉사하고 계시잖아. 매일 아침 일찍 나가셔서 일하고 밤늦게 들어오시는 건 다 너희를 위해서 그러시는 거야."

고모 말을 듣고 보니 내가 너무 철없이 굴었나 싶어서 조금은 부끄러워졌다. 아빠는 밤늦게 상미와 내 선물을 사오셨다. 피곤해 보이시는 우리 아빠.

"아빠, 제가 어깨 주물러 드릴게요."

내 나이 열두 살, 이제 어린이날은 그만 졸업해야겠다.

| 鶴 | 鶴 | | | 首 | 首 | | |
| 苦 | 苦 | | | 待 | 待 | | |

월 일 요일 날씨

[雪上加霜]

눈설 　 위상 　 더할가 　 서리상

▶ 눈 위에 서리를 더함.
'엎친 데 덮친 격'이라는 말로 어려움이 많다는 뜻으로 쓰인다.

오늘은 봄 소풍! 서둘러 학교에 갔지만 다른 친구들은 이미 도착해 있었다. 기다리던 버스를 타고 출발했다. 게임도 하고 노래자랑도 하고 맛있게 김밥도 먹었다. 그런데 점심을 먹고 나서 얼마 지나지 않아, 갑자기 비가 쏟아졌다.

"5학년 4반! 모여라."

담임선생님이 우리를 불러 모으셨다.

"모두 모인 거냐? 자기 짝이 없는 사람은 손을 들도록."

그런데 어떻게 된 건지 영재가 보이지 않았다.

"선생님, 영재가 보이질 않아요. 조금 전까지 같이 있었는데."

"이거 큰일이구나. 설상가상(雪上加霜)이라고 비도 오는데 영재까지 없어지다니."

선생님은 우리가 비를 피할 수 있게 해놓으시고 곧장 영재를 찾으러 가셨다. 삼십 분쯤 지나 비가 그치고 햇볕이 나기 시작했다.

"야, 너희들 왜 여기 있냐?"

영재였다.

"너 도대체 어딜 갔다가 오는 거야?"

영재는 웬 꼬마가 혼자서 울고 있기에 엄마를 찾아주고 오는 길이라고 했다.

잠시 후에 선생님이 오셨다. 선생님께서는 말없이 혼자 행동한 벌로 영재에게 월요일에 화장실 청소 당번을 하라고 하셨다. 학교로 돌아오려고 막 버스를 타려는데, 어떤 아주머니가 서너 살쯤 되어 보이는 아이의 손을 잡고 선생님께 오셨다.

"얼마나 고마운지 모르겠어요. 이 학생 아니었으면 우리 아이를 잃어버릴 뻔했어요."

"정말 다행입니다. 그러잖아도 착한 일을 했다고 칭찬을 하던 참이었습니다."

이상하네. 선생님은 칭찬을 하시면서 벌로 청소를 시키시나?

雪	雪			上	上		
加	加			霜	霜		

월 일 요일 날씨

鳥足之血
새 조 발 족 갈 지 피 혈

▶ 새 발의 피. 필요한 양에 비해 너무 적은 양을 가리킬 때 쓰는 말이다.

"엄마, 오늘은 아무것도 하지 말고 가만히 계세요. 저희가 청소도 하고 밥도 알아서 챙겨 먹을게요."

오늘은 어버이날! 오늘만이라도 엄마를 편하게 해드리기로 했다. 그리고 오후에는 선물을 사러 갔다.

"아빠는 넥타이가 좋을 거야. 그런데 엄마는 뭐가 좋을까?"

"엄마는 화장품을 사드리자."

상미와 나는 이렇게 결정을 하고 집 근처에 있는 백화점으로 갔다.

"꼬마 손님들이네. 그래, 뭘 보여줄까?"

점원 누나가 물건을 보여줬다. 그런데 우리가 생각했던 것보다 훨씬 값이 비쌌다.

"누나, 이거 어버이날 선물인데요. 좀 깎아 주면 안 될까요?"

"저런, 꼬마들이 착하기도 하구나. 그런데 어쩌지? 백화점에서는 물건값을 깎아 주지 못하게 되어 있단다."

"어쩌면 좋지? 엄마 아빠께 선물을 하려고 용돈을 하나도 쓰지 않고 모았는데……."

넥타이하고 화장품을 사기에 우리가 가진 돈은 조족지혈(鳥足之血)이었다. 그래도 그냥 돌아갈 수는 없었다. 예쁜 손수건 두 장을 사서 예쁜 종이로 포장을 했다.

"엄마 선물은 해결했는데, 아빠께는 뭘 드리지?"

집에 돌아오는 길에 슈퍼에 들렀다. 아빠가 좋아하시는 소주 한 병과 오징어를 샀다. 저녁에 아빠와 엄마를 식탁으로 모셔놓고 선물을 드렸다. 형은 아빠와 엄마께 소주를 한 잔씩 따라드렸고, 나와 상미는 노래를 불렀다.

'나실 제 괴로움 다 잊으시고~♩♪♬♬~'

엄마, 아빠 고맙습니다.

월 일 요일 날씨

[目不識丁]

눈목　　아닐불　　알식　　고무래정

▶ 눈으로 보고도 '丁(정)' 같은 쉬운 자를 모름.
'낫 놓고 ㄱ자도 모른다.' 라는 속담과 같은 말로 아는 것이 없다는 뜻이다.

80

"아니, 남의 가게 앞에다 자동차를 세워놓으면 어떻게 합니까?"

"잠깐 세워놓은 걸 가지고 뭘 그래요?"

큰길에 있는 전자 대리점 아저씨가 어떤 사람과 큰 소리로 싸우고 있었다.

"상우야, 저 아저씨들 싸우려나보다. 우리 구경하고 가자."

영재는 마침 심심하던 차에 잘됐다는 듯이 얼른 그쪽으로 달려갔다.

"이 사람이 자기가 잘못한 건 모르고 오히려 큰 소리네. 댁은 여기 주차금지라고 써 있는 것도 안보여요? 목불식정(目不識丁)이 따로 없구먼. 그래."

"아니, 누구더러 목불식정(目不識丁)이라는 거요?"

곧 주먹이라도 날아갈 듯이 분위기가 험악했다.

"상우야, 여기서 뭐 하고 있니?"

상민이 형이었다.

"형, 저 아저씨들 지금 막 싸우려고 그래. 형도 우리랑 같이 구경하고 가자."

"상우하고 영재, 어서 집에 가자. 너희가 앞장 서."

한사코 싫다는 나와 영재를 형은 억지로 손을 잡아끌었다.

"형 때문에 좋은 구경거리 놓쳤잖아. 근데 형, 목불식정(目不識丁)이 뭐야? 대리점 아저씨가 자동차 주인더러 목불식정(目不識丁)이라고 하니까 막 화를 내던데?"

"그건 '낫 놓고 ㄱ자도 모른다.' 라는 말과 같은 거야."

"이상하네. 형, 낫하고 ㄱ자하고 무슨 상관이 있는데?"

"맙소사! 상우야. 그건 바로 너 같은 애를 두고 하는 말이야."

目	目			不	不		
識	識			丁	丁		

[鐵 面 皮]

쇠 철　　　얼굴 면　　　가죽 피

▶ 철가면을 뒤집어쓰다. 염치없이 뻔뻔스럽게 구는 사람을 일컫는다.

"엄마, 상우 오빠가 내 용돈 뺏어가서 안 줘요."

상미는 정말 고자질쟁이다. 무슨 일만 있으면 엄마한테 쪼르르 달려가서 일러바치곤 한다.

"상우, 너도 엄마가 용돈을 주는데, 왜 동생 걸 뺏고 그러니?"

"엄마, 사실은요, 공룡 그림 맞추기 사느라고 상미 용돈을 빌린 거예요. 그리고 상미도 그림 맞추기를 같이 했단 말이에요. 그러니까 갚지 않아도 되는 거 아니에요?"

"그런 게 어디 있어? 나는 옆에서 조금밖에 못하게 하고, 오빠가 혼자 다 해놓고는……."

상미는 억울해 못 견디겠다는 투였다.

"상우가 잘못했구나. 어서 동생한테 빌린 돈 돌려줘라."

"이번 주에 받은 용돈은 벌써 다 써 버렸는걸요."

"그럼 다음 주 상우 용돈은 상미에게 줘야겠구나."

엄마가 방으로 들어가시자, 상미는 고소하다는 듯이 좋아한다.

"순~ 고자질쟁이 같으니라고."

"피! 그러는 오빠는 철면피(鐵面皮)다."

상미는 혀를 날름 내밀어 보이고는 얼른 방으로 들어가 버렸다. 내가 무슨 철가면인가? 날 보고 철면피(鐵面皮)라고 하게. 그나저나 큰일 났네. 다음 주에는 용돈 없이 어떻게 버틴다지?

鐵	鐵				面	面		
皮	皮							

83

[龍 頭 蛇 尾]

용용　　머리두　　뱀사　　꼬리미

▶ 용머리에 뱀꼬리. 처음에는 야단스럽게 일을 시작하여
끝에 가서는 흐지부지하게 되는 것을 말한다.

"상우야, 뭐 하고 있니? 빨리 안 가면 학원 버스 놓치겠다. 서둘러야지."

"나 오늘 학원 가기 싫어요. 안가면 안 될까요?"

"그런 말이 어디 있어? 언제는 학원 보내달라고 그렇게도 조르더니."

하는 수 없이 가방을 들고 나오기는 했지만, 오늘은 정말 학원에 가기가 싫었다. 학원 버스를 타러 발길을 옮기는데 놀이터에서 놀고 있는 아이들이 보였다.

"상우야, 우리 저 아래 아파트 공터에 인라인 타러 갈 건데, 같이 안 갈래?"

영재였다. 저 녀석은 꼭 이럴 때 날 유혹한단 말씀이야.

"나 학원 가야해. 그리고 내 인라인스케이트는 집에 있는 걸."

영재는 제 것을 빌려주겠다며 인심을 썼다. 그래, 오늘 하루 빠진다고 큰일 나는 것도 아닌데 뭐. 못이기는 채 영재와 같이 가기로 했다. 영재 스케이트는 내 발에는 좀 컸다. 그래서 몇 미터 가지도 못하고 넘어지고 말았다. 바지는 찢어지고 무릎에서는 피가 났다. 하지만, 아픈 무릎보다는 집에 가서 혼날 일이 더 걱정이었다.

"속셈학원 열심히 다녀서 중학교에 가면 수학경시대회 나가 상 받겠다고 큰소리치더니. 이제 며칠이나 다녔다고 벌써 싫증이 난 거니?"

약을 발라주시는 엄마 옆에서 형이 몹시 한심하다는 눈빛으로 나를 보고 있었다.

"엄마, 나 태권도 도장에 다닐까 봐요. 속셈학원은 내 적성이 아닌 것 같아요."

"태권도 도장은 얼마나 다니다가 그만두려고? 너처럼 용두사미(龍頭蛇尾)식으로 하려면 아예 시작을 하지 말아야지."

으이그, 형은 저렇게 내 자존심을 팍팍 구겨놔야 속이 시원할까?

두고 보라지. 내일부터는 속셈학원 열심히 다녀서 형보다 수학 실력이 더 좋아질 테니까. 나도 한다면 한다는 걸 꼭 보여주고 말 테다.

| 龍 | 龍 | | | 頭 | 頭 | | |
| 蛇 | 蛇 | | | 尾 | 尾 | | |

월 일 요일 날씨

汗牛充棟

땀한   소우   가득할 충   마룻대 동

▶ 책을 수레에 실으면 소가 땀을 흘리고, 집에 책을 쌓으면 대들보까지 닿게 된다는 뜻으로 책이 많음을 비유한 말이다.

점심을 먹고 있는데 영재가 부르러 왔다.

"상우야, 담임선생님 이삿짐 나르는 거 도와드리러 가자. 선생님 아파트는 13층이래. 그렇게 높으니 짐 나르는데 얼마나 힘이 드시겠냐?"

"한심한 영재야, 누가 13층까지 걸어서 짐을 옮기겠어? 커다란 기중기로 올리지."

선생님 이사하시는데 귀찮게 하지 말라고 엄마는 말리셨지만, 제자의 도리 운운하는 영재의 말을 듣고 보니 그냥 있을 수가 없었다.

"선생님, 도와드리러 왔어요."

"상우하고 영재구나. 이 녀석들 정말 기특한데. 그런데 어쩌지? 짐을 거의 다 올렸는데 말야. 그래 여기까지 왔으니 짐 정리하는 것 좀 도와주고 가거라"

엘리베이터를 타고 올라가니 그릇을 정리하고 계시던 사모님이 반갑게 맞아주셨다. 거실에는 상자가 가득히 쌓여 있었다.

"선생님 이게 다 뭐예요?"

"책이야. 영재하고 상우가 그걸 좀 풀어서 정리해 줄래?"

스무 개쯤 되는 상자 안에는 책이 빼곡하게 들어 있었다.

"선생님. 무슨 책이 이렇게 많아요? 이 책 전부 읽으셨어요?"

책꽂이 위까지 책을 쌓아올리고 그것도 모자라서 책이 천장에 닿을 정도가 되어서야 겨우 끝이 났다. 한우충동(汗牛充棟)이라는 말이 실감이 났다. 선생님께서 수고했다며 책꽂이에서 책을 한 권씩 골라 우리에게 주셨다.

"이사하는 날은 자장면을 먹는 거란다. 다음에 놀러 오면 맛있는 것 만들어줄게."

사모님은 우리가 제일 좋아하는 것이 자장면이란 걸 모르시나 보다. 선생님이 주신 안데르센 동화집과 자장면. 힘은 좀 들었지만 수확도 큰 하루였다.

汗	汗				牛	牛			
充	充				棟	棟			

월 일 요일 날씨

[袖手傍觀]
소매 수   손 수   곁 방   볼 관

▶ 팔짱을 끼고 곁에서 보기만 함.
응당히 해야 할 일에 아무런 손도 쓰지 않고 그저 보고만 있는 것을 말한다.

우리 반 여자 애들은 좀 별나다. 아침부터 저희끼리 속닥거리더니 점심시간에 유희가 교탁 앞으로 나와 대청소를 하자고 했다. 우리 교실이 5학년 가운데 제일 지저분하다나? 여자 애들끼리 결정했다며 무조건 따르라는 거였다.

"선생님께는 내가 말씀드리고 허락받을게. 그러니까 너희도 우리 좀 도와줘. 바닥은 물청소를 하고 유리창도 좀 닦아야 할 것 같아."

"그런데 유희야, 갑자기 웬 수선이냐?"

"상우 너, 어제 선생님 말씀 못 들었어? 다음 주에 우리 반에서 연구 수업한다고 하셨잖아. 부모님들도 오실 텐데 교실이 이렇게 지저분해서 어떻게 해."

유희는 언제나 옳은 말만 한다. 그렇지만, 자기들 멋대로 청소 날을 정하고 일방적으로 같이 하자고 하니까, 별로 기분이 좋지 않았다. 또 오늘은 3반 애들하고 방과 후에 축구 시합을 하기로 했었는데 말이다.

수업이 끝나고 여자 애들은 청소를 한다며 바삐 움직이기 시작했다.

"야, 너희들 청소 안하고, 그렇게 수수방관(袖手傍觀)하고 있을 거야?"

유희는 못마땅한 얼굴로 우리를 쏘아보았다.

"너희들이 시작한 일이니까, 너희가 알아서 해. 우린 축구 시합하러 갈 테니까."

축구를 하고 교실로 돌아오니 선생님이 계셨고, 교실은 몰라보게 깨끗해져 있었다.

"이 녀석들, 부끄러운 줄 알아야지. 여자 애들이 힘들게 청소하고 있는데, 그래, 남자 녀석들은 나가서 놀기만 했단 말이냐? 요번 토요일까지 교실 청소는 남자들이 하도록 한다. 알겠지?"

손뼉을 치며 좋아하는 여자 애들. 얄밉기는 했지만 그래도 먼지가 잔뜩 묻어 있던 유리창이 햇빛에 반짝거리는 모습은 정말 보기 좋았다.

袖	袖			手	手			
傍	傍			觀	觀			

월 일 요일 날씨

[井底之蛙]

우물정　밑저　갈지　개구리와

▶ 우물 안 개구리. 견문과 학식이 좁음을 비유한 것이다.

고모가 돌아왔다. 고모는 2주 동안 독일과 영국으로 출장을 갔었다. 고모네 회사에서는 일 년에 두 번씩 사원들을 해외로 보내 그 나라에서 만드는 제품과 고모네 회사 제품을 비교도 하고 여러 가지 배워오게 한다고 했다.

"이건 상민이, 그리고 이건 상우 선물이야. 자, 우리 상미는 인형을 갖고 싶어 했지?"

"고모, 여비도 모자랐을 텐데 뭘 이렇게 많이 사왔어요?"

고모는 형에게는 자전거용 헬멧을, 나에게는 운동모자와 운동복을 사왔다.

"그래서 애들 것만 샀어요. 언니랑 오빠는 선물 없다고 섭섭해 하지 마세요."

나는 너무나 신났다. 윤호는 미국에 사는 자기 삼촌이 보내준 거라며, 이것저것 학교에 가져와서 자랑을 한다. 내일은 나도 모자 쓰고 가서 자랑해야지.

저녁 내내 식구들이 모여 앉아 고모의 여행담을 들었다.

"그래, 해외에 나가보니 어떻더냐?"

"이것저것 바쁘게 보고 돌아다니느라 좀 힘이 들기는 했지만 수확은 꽤 컸어요. 지금까지 나는 내가 만든 유아복이 훌륭하다고 생각했어요. 그런데 이번에 나가보니까 정저지와(井底之蛙)라는 말이 실감나던데요. 아직도 보고 배울 게 정말 많더라고요."

"우물 안 개구리가 바깥세상을 구경한 기분인 모양이로구나."

"어! 아빠, 그럼 고모가 개구리란 말이에요? 그리고 우리나라가 우물 안이고요?"

"이 녀석, 말이 그렇다는 얘기지."

그럼, 아직 제주도에도 못 가본 난 올챙이란 말인가?

井	井				底	底		
之	之				蛙	蛙		

월 일 요일 날씨

6월

百年河清

累卵之勢

古稀

千載一遇

破鏡

竹馬故友

換骨奪胎

[百 年 河 清]

일백 백　　해 년　　물 하　　물맑을 청

▶ 아무리 오래 기다려도 원하는 것이 이루어지기 어렵다는 말이다.

학교에서 돌아오는데 교문 앞에서 어떤 아저씨가 병아리를 팔고 있었다. 라면 상자 안에는 보송보송한 노란 병아리들이 빼곡했다. 병아리들은 작고 뾰족한 주둥이로 '삐악삐악' 소리를 내며 모이를 먹고 있었다.

"야, 정말 예쁘다. 아저씨, 이 병아리들은 몇 살이에요?"

"병아리들한테 나이가 어디 있어? 이제 태어난 지 이틀 된 놈들인데."

손가락으로 병아리를 만져보았다. 그렇게 부드러울 수가 없었다. '나도 병아리를 키우면 좋을 텐데…….' 생각하며 얼른 집으로 왔다.

"엄마, 우리도 병아리 키워요. 얼마나 예쁜지 몰라요."

"상우야, 병아리는 키워서 뭐 하려고?"

"엄마는 뭘 너무 모르시네. 병아리가 크면 닭이 되고 그러면 달걀도 낳잖아요. 그러면 달걀을 사지 않아도 먹을 수 있으니까 얼마나 좋아요."

엄마는 내 말은 다 듣지도 않고 전화벨이 울리자 방으로 들어가셨다. 엄마가 병아리를 사주기는 다 틀렸고, 아! 한 가지 방법이 있었다. 나는 얼른 냉장고에 가서 달걀 몇 개를 꺼냈다. 그걸 방으로 가지고 들어와 수건에 싸서 이불 속에 넣어 두었다. 이렇게 따뜻하게 해주면 달걀 껍데기를 깨고 병아리가 나온다고 했겠다!

"어, 이게 도대체 뭐야?"

상민이 형이 방에서 달걀이 깨져 흠뻑 젖은 수건을 들고 나왔다.

"형, 달걀을 깨뜨리면 어떡해. 조금만 있으면 병아리가 될 텐데."

"아이고, 상우야. 백년하청(百年河淸)이라고 아무리 기다려봐라. 달걀이 병아리가 되나? 우리 집에 에디슨이 있는 줄은 미처 몰랐네."

이상하다? 달걀을 따뜻하게 해주면 병아리가 되는 거라고 배웠는데…….

百	百				年	年		
河	河				清	清		

월 일 요일 날씨

累卵之勢

포갤 누　알 란　갈 지　기세 세

▶ 달걀을 쌓아 놓은 것 같은 형세. 매우 위태로운 모양이나 처지를 가리킨다.

"오늘 체육 시간에는 인간 피라미드 만들기로 한다. 3조로 나눠서 어느 팀이 가장 잘 만드는지 보겠어요."

나와 영재는 2조가 되었다. 먼저 여덟 명이 엎드리고 그 위에 다섯, 또 그 위에 셋, 이런 식으로 탑처럼 올라가기로 했다. 나는 다섯 명 속에 끼었다. 거의 완성됐다 싶었는데, 옆에 있던 영재가 기우뚱했다. 곧이어 모두 매트 위로 넘어지고 말았다.

"아이코, 내 머리 위에 이거 누구 발이야?"

"주머니에 들어 있던 동전이 다 떨어졌어. 전부 내거니까 나한테 가져와. 알았지?"

"영재 너 때문에 우리 조가 졌잖아. 그렇게 힘이 없냐? 잘 받치고 있어야지."

모두 시끌벅적 떠들기 시작했다.

누란지세(累卵之勢)처럼 위태로워 보이더니 결국 무너지고 말았구나. 너희는 지금 영재 탓을 하는데, 그게 아니야. 피라미드를 쌓을 때는 큰 사람이 아래에서 받치고, 작은 사람이 위로 올라가야 하는 거야. 그런데 우리 반에서 덩치가 제일 큰 민수가 영재 위에 올라갔으니, 영재가 버티지 못하는 게 당연하지."

자기 때문에 무너졌다고 무안해하던 영재는 선생님 말씀에 금세 힘을 얻었다.

"선생님 말씀이 옳아요. 민수는 살을 좀 빼야 해요. 어유, 얼마나 무겁던지."

"야! 나 살찌는데 영재 네가 보태준 거 있어? 그렇지 않아도 고민인데."

민수의 험악한 기세에도 굴하지 않고 여유 있게 한마디 하는 영재.

"물론 살찌는 데 보태준 건 없지만 말이야, 살 빼는 것은 도와줄 수 있어. 네 가방에 가득 들어 있는 과자 있지. 오늘부터 그거 나랑 반씩 나눠 먹는 거 어때?"

얼굴이 붉으락푸르락해진 민수. 이렇게 해서 민수와 영재의 대결은 영재의 KO승으로 끝이 났다. 항상 무언가 먹고 있는 민수, 이제부터는 좀 자제하겠지?

累	累				卵	卵			
之	之				勢	勢			

월 일 요일 날씨

[古 稀]

옛 고　　　드물 희

▶ 일흔 살. '예로부터 드물다'는 뜻으로 인생칠십고래희(人生七十古來稀)에서 나온 말로 옛날에는 일흔 살까지 사는 사람이 드물어 이렇게 불렀다고 한다. 스무 살은 약관(弱冠), 서른 살은 이립(而立), 마흔 살은 불혹(不惑), 쉰 살은 지명(知命), 예순 살은 이순(耳順)이라고 한다.

오늘은 우리 할머니 생신 날.

할머니는 곱게 한복을 입으시고 절을 받으셨다.

"그래, 고맙구나. 어서 아침 먹자. 출근도 하고 학교도 가야지."

할머니 생신이어서 오늘 아침상은 푸짐했다. 밥을 먹으면서 할머니께 여쭤보았다.

"그런데 할머니는 이제 몇 살이 되는 거예요?"

"상우야, 어른께는 연세가 어떻게 되시냐고 하는 거야."

아빠가 얼른 내 말을 고쳐주셨다.

"그럼 다시 여쭐게요. 할머니는 오늘 생일이 지나면 연세가 어떻게 되시는 거예요?"

"고희(古稀)시란다."

할머니 대신 아빠가 대답하셨다.

"그게 무슨 뜻인데요?"

아빠 곁에 있던 형이 얼른 나선다.

"고희(古稀)란 일흔 살을 가리키는 말이야. '인생칠십고래희(人生七十古來稀)'라는 말에서 나온 거지. 스무 살은 약관(弱冠), 마흔 살은 불혹(不惑)이라고 하는 거야."

"상민이가 이렇게 유식한 줄은 정말 몰랐는데? 이제 다시 봐야겠다."

고모의 칭찬에 한껏 으쓱해진 상민이 형.

"형, 그러면 내 나이, 열두 살은 뭐라고 하는데?"

"인마, 그런 말은 없어."

"없는 게 아니라, 형이 모르는 거 아냐?"

괜히 형한테 머리만 한 대 쥐어 박히고 말았다. 치, 모르면 그냥 모른다고 할 것이지. 나보다 네 살 위라고 형은 너무 어른인 체한다.

古	古								
稀	稀								

99

월 일 요일 날씨

千載一遇

일천 천   해 재   한 일   만날 우

▶ 천 년에 한 번 만남. 좀처럼 만나기 어려운 좋은 기회를 뜻한다.

오늘 우리 집은 남자들의 세상! 할머니는 아침 일찍 친구 댁에 가시고, 고모는 한껏 멋을 부리더니 데이트가 있다며 나갔다. 엄마는 상미를 데리고 용인에 사는 작은 외삼촌댁에 가셨다. 엄마는 나가시면서 아빠에게 점심을 부탁하셨다.

"당신이 애들 점심 좀 챙겨줘요. 밥솥에 쌀 안쳐 놓았으니까 코드만 꽂으면 돼요."

"걱정하지 말고 다녀와. 작은 처남한테 한 번 놀러 오라하고. 가까이 살면서도 본 지가 꽤 오래된 것 같아."

엄마와 상미가 마저 나가자 집에는 남자들만 남게 되었다. 아빠는 일주일 동안 밀린 잠을 보충한다고 방으로 들어가시고 형과 나는 컴퓨터 게임을 시작했다. 한참 게임에 열중하다 보니 배가 고파지기 시작했다. 시계는 어느덧 2시 30분을 가리키고 있었다.

"아빠 일어나세요. 점심 먹어야죠. 배고파요."

"시간이 벌써 이렇게 됐나? 언제 밥해서 먹지."

"아빠, 뭐 시켜먹으면 안 될까요? 천재일우(千載一遇)를 놓칠 수는 없잖아요."

"좋아. 모처럼 아빠가 한턱 내지. 너희들 뭐 먹을래?"

나는 자장면 곱빼기를 외쳤고, 형은 군만두, 그리고 아빠는 탕수육에 소주까지 한 병을 주문했다.

"남자들끼리 살면 매일 맛있는 것만 시켜 먹을 수 있을 텐데. 그렇지, 형?"

저녁에 집에 돌아오신 엄마.

"세상에 내가 하루 집을 비웠다고 이럴 수가 있는 거예요? 당신도 애들처럼 철이 없기는 마찬가지네요."

아빠는 야단을 맞았지만 덕분에 우리는 포식을 할 수 있었다. 그래도 매일 자장면만 먹는다면 지겹겠지? 저녁에는 엄마가 만들어주신 김치찌개가 정말 맛있었다.

千	千				載	載		
一	一				遇	遇		

破 鏡

깨뜨릴 **파**　　거울 **경**

▶ 깨진 거울. 부부가 헤어지는 것을 말한다.

"철수가 오늘도 결석을 했는데, 왜 그랬는지 아는 사람 없나? 선생님이 집으로 전화를 해도 받지를 않네. 무슨 일이라도 생긴 거 아냐?"

철수는 수요일부터 학교에 나오지 않았다. 4학년 때도 같은 반이었지만 한 번도 결석을 하지 않았다. 그런데 5학년에 올라와서는 벌써 여러 번 결석을 했다.

아침 조회 시간에 선생님께서 아이들에게 물어보았지만 아무도 아는 사람이 없었다.

수업을 마치고 청소를 하고 있는데 철수 엄마가 철수를 데리고 담임선생님을 뵈러 왔다. 선생님은 철수 엄마와 얘기를 하신다며 우리에게 철수를 데리고 운동장에 나가 있으라고 하셨다.

"나 대구로 전학 간다. 오늘 이사할 거야. 내가 편지할 테니까 꼭 답장해야 돼."

철수는 울었는지 눈이 퉁퉁 부어 있었다.

"왜 갑자기 전학을 가는데?"

철수는 내 물음에는 대답도 하지 않고 그냥 고개만 푹 숙이고 있었다.

집에 오니 엄마가 할머니와 철수네 집 얘기를 하고 계셨다.

"그래서 헤어지게 되었다고 해요. 아이들은 철수 엄마가 맡기로 하고요."

"요즘 사람들은 왜들 그리 이혼을 많이 하는지 모르겠구나. 옛날 같으면 아무리 힘이 들어도 자식들 때문이라도 헤어진다는 건 생각도 못했는데, 쯧쯧쯧……."

"남의 사정을 모르니까 함부로 말할 수는 없지만, 어찌되었건 파경(破鏡)은 막았어야 하지 않을까요?"

그제야 의문이 풀렸다. 철수 엄마와 아빠가 이혼을 하시는구나. 그래서 전학을 가는 거고. 어른들은 정말 알 수가 없다. 이혼을 할 거면 결혼은 왜 하는 거지?

破 破

鏡 鏡

월 일 요일 날씨

[竹 馬 故 友]

대나무죽 말마 옛고 벗우

▶ 죽마를 함께 타던 옛 벗.
　어릴 때 같이 뛰어놀며 자란 절친한 친구를 가리키는 말이다.

　학교에서 돌아오니 엄마와 할머니께서 분주히 음식을 만들고 계셨다. 엄마는 내게 슈퍼에 좀 다녀오라고 하시며, 오늘 저녁에 귀한 손님이 온다고 하셨다.

　부엌에서는 설날이나 할머니 생신 때 먹을 수 있는 맛있는 음식 냄새가 났다. 할머니께 대체 누가 오시는 거냐고 여쭤보았다.

　"네 아버지 어릴 적 친구란다. 고향 친구지."

　7시가 조금 지나 아빠가 친구 분과 함께 오셨다.

　"이놈이 우리 집 둘째 아들 녀석일세. 상우야 인사드려라. 아버지하고는 둘도 없는 죽마고우(竹馬故友)인 아저씨다."

　"상우가 이렇게 많이 자랐구나. 네가 다섯 살 때 보고 처음 보는 거지. 아마, 넌 아저씨를 기억 못 하겠지? 우리 미진이랑 동갑이니까 지금 열두 살이겠구나."

　아저씨가 할머니께 인사를 드리고 나오자 엄마는 시장하시겠다며 식탁으로 아저씨를 안내했다.

　"상우는 크면서 점점 더 자네를 닮아가는구먼. 자네 초등학교 때 모습 그대로야, 허허허."

　아빠와 아저씨는 시골에서 같이 나서 자랐고, 고등학교에 다닐 때까지도 늘 같이 붙어 다녔던 단짝 친구였다고 했다. 아저씨는 몇 년 전 미국으로 이민을 가셨다가 오랜만에 서울에 오셨다고 했다.

　벌써 11시가 가까워 오는데, 아버지와 아저씨는 지금껏 이야기꽃을 피우고 계신다.

竹	竹				馬	馬		
故	故				友	友		

월 일 요일 날씨

[換骨奪胎]

바꿀 환   뼈 골   빼앗을 탈   아이밸 태

▶ 딴 사람이 된 듯이 모습이 환하고 아름다워진 것을 말한다.

옆집 아저씨가 우리 집에 오셨다. 아버지는 아저씨만 오시면 바둑판부터 꺼내 놓으신다. 늘 아저씨한테 지면서 말이다. 바둑이 그렇게 재미있나?

두 분은 바둑을 두시고 나는 옆에서 구경을 하고 있는데 경로당에 가셨던 할머니께서 들어오셨다.

"할머니, 안녕하셨어요? 자주 인사드리지 못해서 죄송합니다. 건강하시죠?"

"아이고, 오랜만이구먼. 옆집에 살면서도 보기가 어렵네. 나야 늘 그렇지 뭐. 그런데 얼굴이 아주 좋아졌구려. 길에서 만나면 몰라보겠어. 장가가더니 환골탈태(換骨奪胎) 했어. 새댁이 음식 솜씨가 좋아서 그런가?"

환골탈태(換骨奪胎)라? 그게 무슨 뜻이지? 할머니께 여쭈어 보았다.

"그게 무슨 말이냐 하면, 외모가 몰라보게 좋아졌다는 말이란다."

"할머니, 장가가면 그렇게 되는 거예요?"

"글쎄다. 다 그렇지는 않겠지만 어쨌든 사람은 자기 배필을 만나 살아야 하느니라. 네 고모도 얼른 짝을 찾아 보내야 할 텐데 걱정이구나."

정말 그렇다. 아저씨는 결혼한 후 옷도 깔끔하게 입고 멋있어졌다. 그렇다면 …….

"엄마, 저 장가보내 주세요. 네?"

"아니 상우야, 그게 무슨 뚱딴지같은 소리냐?"

엄마는 기가 막힌다는 표정이셨다.

"할머니가 그러시는데 사람은 자기 짝을 만나서 살아야 한대요."

"원 참. 네 짝은 앞으로 십 년쯤 후에나 만나게 될 테니 그때까지 기다리렴."

우와! 십 년씩이나 기다려야 하다니. 그리고 내 짝이 누군지 어떻게 알아보나? 하긴 십 년이나 시간이 남아 있으니, 천천히 고민해보도록 하지 뭐.

換	換				骨	骨			
奪	奪				胎	胎			

월 일 요일 날씨

7월

積小成大

進退維谷

綠陰芳草

深思熟考

難兄難弟

同病相憐

讀書百遍意自見

[積 小 成 大]

쌓을 적 　 작을 소 　 이룰 성 　 클 대

▶ 작은 것도 쌓이면 크게 됨. 적은 것도 쌓이면 많아지는 것을 말한다.

오늘 집에서 돼지 세 마리를 잡았다. 반짝반짝하는 동전이 가득 들어 있는 돼지였다.

"와, 이렇게 많은 줄은 몰랐어요. 돼지 저금통에 처음 돈을 넣을 때는 언제 가득 차나 했는데."

작년 크리스마스에 할머니께서 형과 나, 그리고 상미에게 돼지 저금통을 하나씩 사주셨다.

"누구 저금통이 제일 먼저 꽉 차나, 어디 보자꾸나."

그때 상미는 자기가 일등일 거라며 두고 보라고 했었다. 아니나 다를까. 상미 저금통에서 돈이 제일 많이 나왔다.

"그런데 상우야, 형하고 상미 저금통에는 백 원, 오백 원 동전이 많은데 왜 네 저금통에는 십 원짜리 동전만 있나?"

"할머니, 그건 말이에요. 내 돼지는 십 원짜리 동전만 먹거든요. 다른 걸 먹이면 배탈이 나요."

둘러앉은 식구들이 한바탕 웃고 나자, 엄마가 우리 저금통에서 나온 돈을 모두 계산했다. 내 저금통에서 나온 돈이 가장 적은 건 당연했다.

"얘들아, 적소성대(積小成大)라는 말도 있듯이 이 동전이 하나씩 있을 때는 푼돈이지만, 이렇게 모아 놓으니 큰돈이 되었지 않니? 그러니까 십 원짜리 동전 하나도 우습게 생각하면 안 되느니라."

할머니는 내일 우리에게 돼지를 한 마리씩 또 사주시기로 하셨다.

"이번에는 백 원, 오백 원 모두 가리지 않고 잘 먹는 돼지를 상우에게 사다주마. 그러면 되겠지?"

| 積 | 積 | | | | 小 | 小 | | | |
| 成 | 成 | | | | 大 | 大 | | | |

[進退維谷]

나아갈 진   물러날 퇴   오직 유   골 곡

▶ 나아가지도 물러나지도 못하여 어쩔 도리가 없음.
어려운 상황을 맞아 해결 방법이 아무것도 없을 때를 가리킨다.

오후에 아빠를 따라서 시내에 나갔다. 아빠는 요즘 낚시에 취미를 붙이셨다. 얼마 전부터 낚시에 관한 책을 열심히 읽으시더니, 오늘은 낚시도구를 사러 가신다고 했다. 마침 심심하던 차에 나도 따라나섰다. 아빠는 낚시도구 전문점에 들러 낚싯대와 몇 가지 필요한 것을 사셨다.

"상우하고 이렇게 둘이서만 외출한 것도 정말 오랜만이구나. 그래, 상우는 뭐 필요한 거 없니?"

와! 역시 아빠가 최고다. 이 좋은 기회를 놓칠 상우가 아니지.

"아빠, 작년에 입던 수영복이 너무 작아요. 수영복 하나 사주세요."

수영복을 사고 나니 다섯 시가 넘어 있었다. 엄마는 저녁식사를 함께 하자며 늦어도 여섯 시까지는 돌아오라고 하셨다. 그러나 돌아올 때는 길이 너무 막혀서 자동차 안에서 거의 한 시간 반을 앉아있어야 했다.

"이거, 왜 이렇게 길이 막히는지 모르겠구나. 올림픽 도로는 좀 덜 막힐 줄 알았더니, 마치 주차장 같구나. 앞뒤가 꽉 막혀서 도저히 빠져나갈 수가 없네. 그야말로 진퇴유곡(進退維谷)이군."

"아빠 하늘로 날아다니는 자동차가 있으면 참 편리할 텐데 말이에요."

"하하하! 우리 상우가 다음에 그런 자동차를 발명하면 되겠구나."

"아빠, 난 할 일이 너무 많다고요. 농구 선수도 되어야 하고, 법관이 되어서 억울한 사람도 도와야 하고, 거기다가 날아다니는 자동차까지 발명하려면 이백 살까지는 살아야 할 것 같은데요."

"그렇다면 이백 살까지 장수하는 약을 발명하는 게 더 급한 일이겠구나!"

| 進 | 進 | | | 退 | 退 | | |
| 維 | 維 | | | 谷 | 谷 | | |

113

[綠陰芳草]

푸를 녹　그늘 음　꽃다울 방　풀 초

▶ 푸른 나무 그늘과 향기로운 풀.
나무가 우거지고 풀이 무성한 여름의 자연경치를 말한다.

"학교 다녀왔습니다."

"오냐. 상우로구나. 학교 마치고 오는 길이냐?"

"네. 그런데 할머니, 양산까지 들고 어딜 가세요?"

"녹음방초(綠陰芳草) 좋은 계절에 집에만 있으려니 답답하구나. 경로당에서 민속촌으로 놀러 간다지 뭐냐. 나도 거기나 가보려고 나섰지."

"잘 생각하셨어요, 어머니. 바람 좀 쐬고 재미있게 노시다 오세요."

어머니는 할머니께 용돈을 드리며 다녀오시라고 했다. 점심을 먹고 집에 있으려니 좀이 쑤셔서 견딜 수가 없었다. 뭐 재미있는 일 없나? 머리를 짜고 있는데 형이 학교에서 돌아왔다.

"형, 우리 한강에 자전거 타러 가자. 응?"

"인마, 난 내일모레가 학기말 고사야. 내가 자전거 타러 갈 시간이 어디 있냐?"

"그럼, 형은 이 좋은 계절에 그것도 토요일에 방에 앉아서 책만 보겠다는 거야?"

"어린 녀석이 계절 타령은 뭐고 또, 토요일이 너하고 무슨 상관이냐?"

형한테 핀잔만 듣고 마루 끝에 걸터앉아 있는데, 엄마가 시장에 가신다며 나오셨다. 나는 얼른 따라나섰다. 돌아오는 길에 엄마한테 팥빙수를 사달라고 할 생각이었다. 엄마는 시장을 몇 바퀴나 돌면서 장을 보셨다. 그러고 나니, 장바구니가 가득 찼다. 장보기를 끝낸 엄마.

"어쩌나! 우리 상우 맛있는 것 사주려고 했는데, 장을 보느라 지갑이 텅 비어 버렸네."

이럴 줄 알았으면 집에서 텔레비전이나 보고 있는 건데……

綠	綠				陰	陰			
芳	芳				草	草			

월 일 요일 날씨

[深 思 熟 考]

깊을 심   생각할 사   익을 숙   헤아릴 고

▶ 깊고 신중하게 생각함. 신중을 기하여 곰곰이 생각한다는 뜻이다.

오늘은 제헌절! 아빠랑 형이랑 여의도에 갔다. 광장에는 여름 햇볕이 따갑게 내리쬐고 있었다. 형과 나는 자전거를 탔다. 아이스크림도 먹고, 해질 무렵에는 한강에 가서 유람선을 탔다. 배 위에서 바라보는 강변 풍경이 정말 아름다웠다.

"아빠, 저기 노을 좀 보세요. 참 예뻐요."

"그렇구나. 오랜만에 한강에 나오니 정말 좋구나."

어느새 뜨겁던 해도 지고 서늘한 바람이 불어왔다.

"아빠, 일주일에 한 번씩 노는 날이 있었으면 좋겠어요. 일주일에 다섯 번만 학교에 가면 참 좋을 텐데."

"상우야, 넌 그래도 방학이 있잖니? 이 아빠는 방학도 없는 걸."

"아빠, 제가 아빠 회사 사장님한테 건의할까요? 회사에도 방학을 만들라고요. 그러면 방학에는 아빠가 우리와 놀아 주실 수 있잖아요."

"하하하, 그거 심사숙고(深思熟考)해볼 문제로구나. 그렇지만, 상우야, 사장님한테 전화하는 것만은 참아라. 잘못했다가는 아빠가 일 년 내내 집에서 쉬게 될지도 모르니까. 너도 그걸 바라는 건 아니겠지?"

얘기가 그렇게 되나? 하지만, 이건 분명히 공평하지 못하다. 왜 아빠에게는 방학이 없단 말인가? 늘 피곤해하시는 아빠. 아빠에게도 방학을!!!

모처럼 아빠와의 나들이는 정말 즐거웠다.

| 深 | 深 | | | | 思 | 思 | | | |
| 熟 | 熟 | | | | 考 | 考 | | | |

월 일 요일 날씨

[難 兄 難 弟]

어려울 난　맏 형　어려울 난　아우 제

▶ 형과 아우를 가리기 어려움.
두 사람 가운데 누가 더 낫고 못한지 우열을 가리기 어렵다는 말이다.

누가 뭐래도 팔씨름 하나는 자신이 있었다. 그런데 오늘 정말 강적을 만났다. 지태랑 영재랑 놀이터에서 철봉을 하고 있는데, 지난번에 상미를 때렸던 아이가 나타났다.

"오빠, 저 애가 또 왔어. 오늘은 아주 혼을 내줘."

상미는 내가 그 큰아이를 이기리라 생각하는 모양이었다. 어떻게 하면 위기를 넘길 수 있을까 생각하는데, 그 아이는 나를 보자마자 싸움을 걸어왔다.

"아쭈, 키는 작은 녀석이 철봉은 꽤 잘하는데 그래."

나의 최대 약점인 키를 들먹이다니! 이건 내 명예와 관계된 문제였다. 하지만, 주먹싸움은 뻔했다. 그래서 나는 팔씨름을 제안했다. 그 애는 가소롭지만 응해주겠다며 팔을 걷어붙이고 나섰다.

놀이터에 있던 아이들이 심판을 보고 우리는 시합을 시작했다. 세 번 겨뤄서 먼저 두 번을 이겨야 했다. 처음에는 그 아이가, 두 번째는 내가 이겼다. 그런데 세 번째에서는 난형난제(難兄難弟), 도무지 승부가 나지 않았다. 이빨을 앙 다물고 얼굴이 빨개지도록 힘을 냈지만 그 애의 팔은 꿈쩍도 하지 않았다. 그쪽도 마찬가지인 모양이었다.

"오빠, 힘을 내, 조금만 더 힘을 내."

옆에서 응원하는 상미도 안타까운 모양이었다. 그렇게 서로 손을 잡고 얼마나 있었을까? 더 이상 기운이 없었다. 내 팔이 넘어갈 것만 같았다. 그때였다.

"우리 이제 그만 하는 게 어때? 도저히 승부가 나지 않을 것 같아."

야호! 조금만 더 있었으면 난 버티지 못했을 거다. 오른쪽 팔이 얼얼했지만, 지난번 상미 앞에서 구겨진 내 체면은 다시금 빳빳하게 펴졌다. 그 아이는 상미에게 미안하다고 사과했고, 덕분에 상미는 의기양양 해졌다. "우리 오빠 정말 최고다."

휴! 오빠 노릇 하기도 쉬운 일이 아니로군!

| 難 | 難 | | | 兄 | 兄 | | |
| 難 | 難 | | | 弟 | 弟 | | |

월 일 요일 날씨

[同病相憐]

같을 동 병들 병 서로 상 불쌍할 련

▶ 같은 병을 앓는 사람끼리 서로 가엾게 여김.
곤란한 처지에 있는 사람이라야 남의 어려운 사정을 안다는 뜻이다.

아침부터 지태가 와서 나를 불렀다.

"뭐 하고 있니? 상우야, 너 수영장에 안 갈래? 누나하고 수영장에 가기로 했는데, 너하고 영재도 같이 데리고 가 준다고 했어."

수영복을 챙겨서 따라나서기는 했지만 영 내키지가 않았다. 수영장에 가자고 하면 좋다고 하는 영재도 왠지 풀이 죽어 있었다. 수영장에는 유희도 보였다.

"야! 유희도 왔네. 우리 같이 가서 놀자."

지태는 유희 앞에서 수영 실력을 뽐낼 생각에 신나 있었다. 지태가 풀에 뛰어든 후에도 나와 영재는 멍하니 앉아 지태가 수영하는 걸 보고만 있었다.

"상우하고 영재는 왜 물에 들어가지 않니? 재미가 없는 모양이구나."

지연이 누나가 옆에 와서 물었다.

"사실은 방학하는 날 성적표를 받았는데 아직 엄마한테 보여드리지 않았거든."

"왜 성적이 좋지 않니? 영재 너는 또 왜 그러고 있어?"

알고 보니 영재도 나랑 같은 고민에 빠져있었다.

"너희 동병상련(同病相憐)이로구나. 그러기에 좀 열심히 공부하지 그랬어. 지태는 4학년 때보다 성적이 좋아졌다고 자랑이 대단하던데."

"상우야 넌 어떻게 할 거야? 성적표 보여드릴 거야?"

"그래. 결심했어. 매도 일찍 맞는 게 낫다고 하잖아. 야단을 맞더라도 빨리 보여드리고 방학 동안 재미있게 노는 것이 낫지 않겠니?"

결심은 했지만 막상 집에 돌아오니 실천으로 옮기기가 정말 힘이 들었다. 무슨 일이 있어도 내일은 꼭 엄마께 성적표를 보여드려야지.

同	同			病	病		
相	相			憐	憐		

월 일 요일 날씨

讀書百遍意自見

읽을독 책서 일백백 두루편 뜻의 스스로자 나타날현

▶ 책을 여러 번 되풀이하여 읽으면 뜻을 저절로 알게 됨을 말한다.

지난주부터 동네 책 대여점에서 일주일에 두 권씩 책을 빌려다 읽기로 했다. 한 권에 사백 원. 책을 빌려 보겠다고 했더니 엄마가 일주일 용돈을 천 원이나 올려주셨다. 처음에는 만화책만 빌렸는데 그걸 보신 엄마 말씀.

"상우야, 만화책이라고 무조건 나쁜 것은 아니야. 하지만, 너도 이제 5학년인데 수준을 좀 높여야 하지 않겠니?"

"엄마, 만화책을 보면 수준이 낮은 거예요? 이상하다? 아빠도 내가 빌려온 만화책이 재미있다고 잘만 보시던데……."

말은 이렇게 했지만 내가 생각해도 만화책만 빌린 것은 좀 너무하다 싶었다. 그래서 오늘은 위인전 한 권하고 『탈무드』라는 책을 빌렸다. 그런데 문제는 도무지 무슨 얘기인지 알 수가 없다는 거였다.

"엄마, 이게 무슨 말이에요?"

"상우야, 엄마 지금 가계부 쓰고 있는 거 보이지? 바쁘니까 나중에 와라. 그리고 모르는 건 자꾸 읽어보면 알 수 있어. 독서백편의자현(讀書百遍意自見)이라고 하잖니?"

백 번을 읽으면 알 수가 있다는 말이렷다. 정말 백 번을 읽었다. 손가락을 꼽아가면서. 그런데도 알 수가 없었다.

"엄마 백 번을 읽었는데도 모르겠는 걸요."

"도대체 무슨 책을 읽기에 그러니? 맙소사, 이건 『탈무드』잖아. 상우야, 네가 모르는 게 당연하지. 이 책은 고등학생이나 되어야 읽을 수 있는 책이야."

엄마가 수준을 높이라고 하기에 대여점 형에게 어려운 책을 골라달라고 한 건데. 내가 너무 심하게 수준을 높였나?

讀書百遍意自見

월 일 요일 날씨

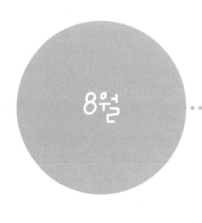

8월

螳螂拒轍

忠言逆耳

金科玉條

.... 百聞不如一見

吾鼻三尺

言語道斷

起死回生

螳 螂 拒 轍

사마귀 **당**　　사마귀 **랑**　　막을 **거**　　바퀴자국 **철**

▶ 사마귀가 수레바퀴를 막음.
제 힘에 가당찮은 일을 하려고 무모하게 덤비는 것을 말한다.

아! 여름방학도 벌써 반이 지나갔다. 이번 방학에는 뭔가 특별한, 그런 일을 하리라 마음먹었는데……. 아니지, 벌써 포기할 수는 없지. 지태와 영재를 불렀다.

"어제 텔레비전에서 봤는데 말이야. 대학생 형들이 세계 무전여행을 떠난다고 하더라. 그런데 무전여행이 뭐지?"

"그건 말이야. 돈 없이 여행하는 거야. 힘은 들겠지만 정말 재미있을 거야. 그렇지? 우리도 무전여행을 가는 거야. 우리라고 못할 게 뭐 있어? 안 그래?"

당장에 의기투합한 우리 삼총사. 12시까지 짐을 꾸려서 동네 놀이터에 모였다. 목적지를 강릉으로 정하고 청량리역에서 출발하기로 했다. 그런데 고민이 생겼다. 명색이 무전여행인데 돈을 내고 지하철을 탈 수는 없었던 것이다. 결국은 걸어가기로 했다. 1시에 출발해서 4시가 넘게 걸었지만 우리는 청량리역 근처에도 가지 못했다.

"상우야, 무전여행 할 때 밥은 어떻게 먹는 거냐? 사먹을 수도 없잖아?"

"다 무슨 방법이 있을 거야. 어서 걷기나 해."

여러 번 길을 물어서 청량리역에 도착하니 저녁 8시 30분. 하지만, 경찰 아저씨가 우리를 집으로 보냈다. 엄마가 차려주신 밥을 맛있게 먹고 있는데 아빠가 말씀하셨다.

"상우야, 무슨 일이든지 자기 처지에 맞고 자기 힘으로 감당할 수 있을 때 시작하는 거야. 초등학교 5학년이 친구들끼리 무전여행이라니. 정말 무모한 일이라고 생각되지 않니? 바로 이런 것을 당랑거철(螳螂拒轍)이라고 하는 거야."

아빠 말씀이 끝나자 이번에는 엄마.

"개구리 소년들 얘기 알지? 어두워져도 들어오지 않아서 얼마나 걱정했는지 아니?"

엄마 아빠, 죄송해요. 하지만, 오늘 일로 얻은 교훈이 있다고요. 여행을 갈 때는 반드시 집에서 먹을 것을 준비해서 출발할 것, 킥킥킥.

螳	螳				螂	螂			
拒	拒				轍	轍			

월 일 요일 날씨

[忠言逆耳]

충성 충 　 말씀 언 　 거스를 역 　 귀 이

▶ 충고하는 말은 귀에 거슬리나 행실에는 도움이 된다는 것을 말한다.

128

　영재에게는 한 가지 단점이 있다. 약속을 잘 지키지 않는다는 것이다. 며칠 전 영재가 우리 집에 놀러 왔다. 둘이 같이 컴퓨터 게임을 하다가 영재가 형 책상 위에 있는 MP3를 빌려달라고 했다. 꼭 듣고 싶은 음악이 있는데 자기 것이 고장이 났다는 것이다. 결국, 다음날 꼭 가져오겠다는 다짐을 받고 나는 MP3를 빌려주었다. 상민이 형이 여름 캠프에 가서 며칠 뒤에 돌아오기로 되어 있기 때문이었다.

　그런데 영재는 형이 돌아올 때까지 MP3를 가져오지 않았다. 게다가 영재는 가족과 함께 여름휴가를 떠났다. 캠프에서 돌아온 형은 자기 물건도 아니면서 빌려주면 어떻게 하냐고 화를 냈다. 그리고 오늘에서야 영재를 만날 수 있었다.

　"상우야, 미안하다. 깜빡 잊었어."

　영재는 늘 이런 식이다. 약속을 어기고는 미안하다고 하면 그만이다.

　"영재야, 넌 너무 약속을 안 지켜. 선생님께서 그러셨잖아. 세상에서 가장 중요한 것 가운데 하나가 신의라고. 이렇게 약속을 어기면 누가 너하고 친구 하려고 하겠니?"

　"상우 너, 그깟 MP3 하나 빌려주고 정말 치사하게 이럴 거야?"

　영재는 몹시 기분이 나쁜 것 같았다. MP3를 가지고 돌아와 엄마께 얘기를 했다.

　"엄마, 내가 잘못한 걸까요?"

　"상우야, 충언역이(忠言逆耳)라는 말도 있잖니? 영재도 네가 자기를 위해서 한 말이란 걸 알게 될 거야. 그러니 너무 걱정하지 마."

　정말 그럴까? 영재가 기분 나빠하던 모습이 떠올라 마음이 무겁다. 가끔 약속을 지키지 않아 나를 곤란하게 만들긴 하지만 그래도 나는 영재가 참 좋다. 엉뚱한 얘기로 우리를 웃겨주기도 하고, 친구 고민을 자기 일처럼 생각하는 의리 있는 영재. 영재가 이런 내 마음을 알아준다면 좋을 텐데.

忠 忠　　　　言 言
逆 逆　　　　耳 耳

金科玉條

<ruby>金</ruby> 쇠 금   <ruby>科</ruby> 과목 과   <ruby>玉</ruby> 옥 옥   <ruby>條</ruby> 가지 조

▶ 금이나 옥 같은 규칙이나 말. 아주 귀중하다는 것을 뜻한다.

"아이 엠 어 보이. 마이 네임 이즈 상우."

"아니, 상우야. 지금 그게 무슨 소리냐? 아까부터 혼자서 뭐라고 중얼거리는 게야."

"할머니, 지금 영어 공부를 하고 있는 거예요."

"네가 웬 공부를 다 하냐?"

"네. 요즘은 영어를 모르면 어디 가도 알아주지를 않는다고요. 그래서 저도 오늘부터 영어 공부를 하기로 했어요."

윤호는 툭하면 영어를 섞어 말을 한다. 세계화 시대에 발맞추려면 영어 공부를 해야 한다나. 혼자서 정말 잘난 체한다. 하지만, 텔레비전에서 세계화가 어쩌고 하는 걸 보면, 윤호 말이 틀린 것만도 아닌 것 같았다. 그래서 나도 영어 공부를 하기로 했다. 상민이 형의 영어 테이프를 틀어 놓고 따라서 했다. 밖에 나갔던 형이 돌아왔다.

"너, 영어가 제법 유창하구나. 그런데 상우야, 우리말부터 공부하는 게 어떨까?"

"지금 내가 우리말을 제대로 모른다는 소리야? 형이 내 실력이 어떤지 알기나 해? 숙제 좀 가르쳐달라고 해도 본채도 안 하면서."

"네 일기장을 보면 맞춤법이 틀린 게 많이 있던데……."

"뭐라고?"

"내 말은 영어 공부도 중요하지만 먼저 우리말부터 제대로 알아야 한다는 거야."

옆에서 형과 내 얘기를 듣고 할머니가 말씀하셨다.

"형만 한 아우가 없구나. 금과옥조(金科玉條)와 같은 말이니 상우가 잘 들어둬라."

"할머니, 그게 아니에요. 형이 내 일기장을 훔쳐본 거니까, 형이 잘못한 거라고요."

그런데 이상하다. 일기를 쓰면서 형 흉본 적이 많은데, 형은 왜 가만히 있는 걸까? 나 같으면 못 참았을 텐데. 할머니 말씀대로 정말 형만 한 아우가 없는 걸까?

金	金			科	科		
玉	玉			條	條		

월 일 요일 날씨

[百聞不如一見]

일백 백　들을 문　아닐 불　같을 여　한 일　볼 견

▶ 백 번 듣는 것이 한 번 보는 것만 못함.
실제로 직접 보는 것의 중요성을 가리키는 말이다.

아침을 먹고 있는데 텔레비전에 호랑이가 나왔다. 광릉 야생동물원에 있는 백두산 호랑이였다. 동물들이 날씨가 더워서 먹이를 줘도 잘 먹지 않는다는 내용이었다.

"이렇게 날씨가 푹푹 찌는데 동물이라고 식욕이 있을 턱이 없지. 웬 날씨가 이렇게 더운지 모르겠구나."

할머니 말씀에 모두 고개를 끄덕이고 있는데,

"백두산 호랑이래요. 중국에서 데려왔다는 호랑이요. 정말 멋있게 생겼지, 형?"

"그래. 백두산 호랑이는 호랑이 종류 가운데서도 가장 몸집이 크고 용맹하대."

상민이 형의 말에 아빠도 맞장구를 치셨다.

"그런데 우리나라에는 더 이상 호랑이가 없단다. 아마 백두산에 몇 마리 남아 있는 호랑이가 전부라고 하지? 통일이 되어야 호랑이를 직접 볼 수 있을 텐데."

아빠는 백두산 호랑이는 세계에서도 가장 뛰어난 호랑이며 걷는 모습도 위엄이 있다고 하셨다. 한번 '어홍' 하고 소리를 치면 산에 사는 짐승들은 물론이고 나무와 시냇물까지도 움츠러든다는 얘기도 덧붙이셨다.

"아빠는 보지도 않고 어떻게 그렇게 잘 아세요? 난 상상이 안 되는 걸요?"

내가 믿어지지 않는다는 듯이 고개를 갸웃거리자, 아빠가 말씀하셨다.

"상우 너, 아빠 말을 못 믿겠다는 얼굴이구나. 그렇다면, 좋아. 백문이 불여일견(百聞不如一見)이라는 말도 있으니 우리 오늘 광릉수목원에 다녀오자꾸나."

우와! 성공이다. 아빠가 이렇게 나오실 줄 난 이미 알고 있었다고요. 직접 가서 본 백두산 호랑이는 정말 멋졌다. 그렇지만, 백문이 불여일견(百聞不如一見)이라며 우리를 데리고 광릉까지 다녀오신 우리 아빠는 훨씬 더 멋쟁이시다.

百	聞	不	如	一	見				
百	聞	不	如	一	見				

월 일 요일 날씨

吾鼻三尺

나오　코비　석삼　자척

▶ 내 코가 석 자. 자신의 일도 감당하지 못하여
남의 일을 돌아볼 여유가 없음을 나타내는 말이다.

134

"오빠, 나 공작물 만드는 것 좀 도와줘."

상미는 하루 종일 나를 쫓아다니며 귀찮게 군다.

"나중에 해줄게. 지금 내 것 하기도 바쁘단 말이야."

"오빠가 만들어준다고 해놓고선, 이제 와서 그러면 어떡해?"

여름방학도 이제 며칠 남지 않았다. 막상 개학 준비를 하려니 그동안 '내가 너무 놀기만 했구나.' 하고 후회가 되었다. 그림 숙제도 해야 하고, 만들기도 해야 하는데……. 마음만 급했지 무엇부터 해야 좋을지 몰라 허둥거리는데 상미가 마저 자기 숙제를 도와달라고 보챘다.

"상우야, 동생하고 약속을 했으면 지켜야지. 이제와서 모르겠다고 하면 어떡해?"

"엄마, 지금 저도 바쁘다고요. 내일모레가 개학인데 내 숙제도 밀렸단 말이에요."

"하긴, 상우 처지가 오비삼척(吾鼻三尺)이니 동생 숙제 도와줄 여유가 없기도 하겠지. 그러기에 미리미리 해놨으면 좋잖니."

"놀 때는 숙제 같은 건 까맣게 잊어버리는 걸요. 그런데 엄마, 집에서 쓰지 않는 폐품으로 만들기를 해야 하는데 뭐가 좋을까요?"

"상우야, 엄마도 지금 무척 바쁘단다. 내일까지 수필 한 편을 써가야 하는데 잘 써지질 않는구나. 그러니까 네 숙제는 스스로 알아서 하도록 해."

말을 마치기가 무섭게 엄마는 방으로 들어가셨다. 엄마는 얼마 전부터 주부 문학 동호회에 나가신다. 아마도 그곳에서 글짓기 숙제를 받아오셨나 보았다.

잠시 후에 안방 문을 열고 살며시 들여다보니, 엄마는 상 위에 원고지를 펴놓고 골똘히 생각에 잠겨 계셨다. 아하! 엄마 코도 석 자였구나!

吾	吾				鼻	鼻			
三	三				尺	尺			

월 일 요일 날씨

[言語道斷]

말씀 언   말씀 어   길 도   끊을 단

▶ 말문이 막힘. 너무 어이가 없어 아무 말도 할 수 없다는 뜻이다.

아침 자습 시간이 끝나 가는 데도 영재가 오질 않았다. 영재는 또 지각을 할 모양이었다. 일주일에 한 번씩은 꼭 지각을 하는 영재. 뭐, 미남은 잠꾸러기라나?

수업 시작을 알리는 종이 울리고, 첫째 시간이 막 시작됐을 때였다. 교실 앞문이 '드르륵' 열리더니 영재가 들어왔다.

"영재 너, 또 지각이구나. 그리고 지각을 했으면 뒷문으로 조용히 들어와야지. 그렇게 시끄럽게 소리를 내면서 앞문으로 들어오는 녀석이 어디 있어."

선생님께서는 어이가 없으신 모양이셨다.

"어떠한 경우에도 당당하게 행동해야 하는 거라고 선생님이 그러셨잖아요."

영재는 지각을 한 주제에 조금도 미안한 기색이 없다.

"영재야, 지각을 해놓고서 앞문으로 들어오는 건 당당한 게 아니라 뻔뻔한 거야."

"선생님, 이랬다저랬다 하시면 전 어떻게 해요? 뒷문으로 들어올까 하다가, 선생님 말씀이 생각나서 용기를 내 앞문으로 들어온 거라고요."

영재는 정말 억울하다는 얼굴이었다.

"정말 언어도단(言語道斷)이로구나. 영재야, 앞문을 열고 들어온 네 용기는 가상하지만 앞으로는 그러지 말도록 해. 당당한 것도 좋지만 때를 가릴 줄 알아야지. 어서 자리에 가서 앉아라."

"네, 선생님. 이제부터는 지각하면 반드시 뒷문으로 들어오겠습니다."

정말 대책이 안서는 영재. 선생님도 두 손 드실 수밖에……

言	言				語	語			
道	道				斷	斷			

월 일 요일 날씨

[起死回生]

일어날 기　죽을 사　돌아올 회　날 생

▶ 중병으로 죽을 뻔하다가 도로 살아나 회복되거나,
어려움이나 위기에서 벗어나는 것을 말한다.

아빠는 오늘 회사 동료 아저씨의 문병을 다녀오셨다. 얼마 전 교통사고를 당한 아저씨는 앞으로 두 달 동안은 병원에 입원해 계셔야 한다고 했다. 그 아저씨는 우리 집에도 여러 번 다녀가신 분이다. 지난번에는 우리 식구와 함께 등산도 갔었다.

"정말 큰일 날 뻔했군요."

"글쎄 말이야. 병원에서도 회복이 어렵다고 했는데, 지금은 많이 좋아졌더군."

"그야말로 기사회생(起死回生)이로군요. 정말 다행이에요."

아저씨는 늦게 퇴근을 해서 집으로 가는 길에 교통사고를 당했다고 했다. 건널목에서 파란 불이 들어와 길을 건너는데, 달려오던 자동차가 서지 않고 그냥 지나갔다는 것이었다. 게다가 그 자동차를 운전하던 사람은 아저씨를 치고서 그냥 달아났다고 한다.

"사람을 다치게 했으면 먼저 병원으로 옮겨야지, 그냥 달아나다니. 몹쓸 사람 같으니라고. 옛날에는 이런 일이 없었는데 점점 사람들이 양심을 잃어 가는 것 같구나."

곁에서 듣고 계시던 할머니가 걱정이라는 듯이 말씀하셨다.

"아빠, 그런 사람을 뺑소니라고 하는 거지요?"

"그래, 뺑소니 운전자는 잡히면 엄하게 처벌을 받게 되어 있단다. 그런데도 사람들은 사고를 내게 되면 당황하고 겁이 나서 도망부터 가게 되는 모양이야. 그 순간만 모면하면 된다는 잘못된 생각이지."

어른이라고 해서 모두 올바른 행동만 하는 건 아닌가 보다. 사고를 냈으면 당연히 책임을 지는 거라고 배웠는데……. 오늘 밤에는 자기 전에 기도해야겠다. 아저씨가 빨리 나으셔서 우리와 함께 산에 오르게 해달라고.

起	起				死	死			
回	回				生	生			

월 일 요일 날씨

9월

刮 目 相 對

비빌 괄　　눈 목　　서로 상　　대답할 대

▶ 눈을 비비고 다시 봄. 짧은 기간에 학식이나 재주가 좋아진 경우를 가리킨다.

국어 시간이었다. 선생님께서 우리가 어제 낸 독후감을 나누어 주셨다.

"여러분이 쓴 독후감 잘 읽어보았어요. 모두 잘 썼는데 어떤 사람은 아직도 원고지 쓰는 법을 제대로 모르는 것 같더구나. 선생님이 잘못된 부분을 고쳐 놓았으니까 앞으로는 제대로 쓰도록. 알겠지?"

"네."

"그리고 오늘 이 시간에는 여러분이 쓴 독후감 가운데 가장 잘된 것을 같이 읽어보고 함께 얘기하기로 하겠어요. 자, 상우 이리 나와서 네 독후감을 친구들에게 읽어주렴."

정말 뜻밖이었다. 내 독후감이 우리 반에서 제일 잘 쓴 것으로 뽑히다니. 나의 독후감 제목은 '우리나라의 독립과 통일을 위해 애쓰다 돌아가신 김구 선생님' 이었다. 내가 독후감을 읽는 동안 아이들은 조용히 내 말을 들었다. 다 읽고 나서 나는 으쓱해진 기분으로 자리에 돌아가 앉았다.

"자, 모두 상우 독후감을 잘 들었겠지? 정말 잘 썼더구나. 선생님도 놀랐단다. 상우가 방학 동안 책을 아주 열심히 읽었던 모양이야. 저렇게 괄목상대(刮目相對)한 것을 보면."

수업이 끝난 뒤에 유희가 나에게 왔다.

"상우야, 난 네가 그렇게 책을 많이 읽는 줄 몰랐어. 김구 선생님 위인전 나도 빌려줄래? 읽어보고 싶어서 그래."

선생님께 칭찬들은 것만으로도 신나는데, 유희까지 나한테 와서 다정하게 말을 걸다니. 역시 책을 많이 읽는건 좋은 일이야.

刮	刮				目	目			
相	相				對	對			

월 일 요일 날씨

[千 里 眼]

일천 천　　　마을 리　　　눈 안

▶ 천 리를 내다볼 수 있는 눈.
보지 않고도 무슨 일이 일어나는지 환히 알고 있음을 말한다.

"상우야, 집에 갈 때 오락실에 들러서 오락하고 가자."

영재가 말했다. 하지만, 엄마가 학교 끝나면 집으로 곧장 오라고 했는데……. 엄마는 만날 나한테만 '이거 해라 저거 해라.' 하신다. 형은 중학교 3학년이니까 공부 때문에 시간이 없고, 상미는 아직 어려서 엄마를 도울 수가 없다나. 이건 정말 불공평하다. 생각이 여기에 미치자 나는 망설이지 않고 전자오락실로 향했다.

게임은 내가 이겼고 돌아오는 길에는 떡볶이도 먹었다. 여기까지는 정말 신나고 재미있었다. 그런데 집 대문이 보이기 시작하면서 슬슬 불안해지기 시작했다. 엄마에게 뭐라고 핑계를 대지? 사실대로 말하면 분명히 야단치실 텐데…….

"선생님이 방과 후에 남아서 교실 환경 미화하는 것 좀 도우라고 하셔서 늦었어요."

"상우야, 전자오락 재미있었니? 그리고 떡볶이도 맛있게 먹었어?"

아이고! 맙소사. 이를 어쩐다. 엄마가 다 알고 있다니. 야단맞을 채비를 단단히 하고 있는데 이게 웬일인가? 험악한 표정일 줄 알았던 엄마가 웃고 계셨다.

"엄마가 어떻게 알았는지 궁금하지? 엄마는 천리안(千里眼)이거든. 집에 앉아서도 상우가 뭐 하는지 다 알 수가 있단다. 그리고 엄마는 상우가 형하고 상미는 놔두고 혼자만 심부름시킨다고 불만인 것도 알아. 하지만, 형도 너만 할 때 엄마를 많이 도와줬어. 그리고 상미보다 네가 믿음직해서 그러는데, 상우가 그걸 불만으로 생각한다면 엄마가 섭섭하지 않겠니?"

다행히 야단은 맞지 않았다. 그리고 다음부터는 절대 거짓말은 하지 않겠다고 약속했다. 그런데 엄마가 어떻게 아셨을까? 엄마는 정말 천 리 밖도 내다볼 만큼 시력이 좋으신 걸까? 아니면 상미가 학교에서 돌아오다가 나를 보고 엄마한테 일러준 걸까? 궁금하지만 자고 있는 상미를 깨울 수도 없고, 내일 꼭 물어봐야지.

千	千				里	里			
眼	眼								

월 일 요일 날씨

[同床異夢]

같을 동　평상 상　다를 이　꿈 몽

▶ 같은 잠자리에서 다른 꿈을 꾸다.
　같으로는 같이 행동하면서 속으로는 딴 생각을 하고 있는 것을 말한다.

"해외여행은 미국이나 유럽이 더 나을 것 같군."

아빠가 신문을 보시며 혼자 중얼거리셨다. 그때 엄마가 다가오며 말했다.

"지금 그게 무슨 얘기예요? 해외여행이라니요?"

"당신한테는 아직 얘기를 못했는데, 내가 아직 여름휴가를 다녀오지 않았잖아. 그래서 이번 달 말쯤 휴가를 낼까 해. 열흘 정도 짬을 낼 수가 있을 것 같아서 당신하고 같이 해외에 다녀오면 어떨까 하는데. 당신 생각은 어때?"

"해외여행을 가면 좋기는 하지만 집안일은 어쩌고, 또 그 경비는 어떻게 감당하시려고 그러세요?"

"집은 애들 고모가 좀 수고하면 되고, 경비는 휴가비하고 추석 보너스를 합하면 될 거야."

아빠 얘기를 가만히 듣고 계시던 엄마.

"당신 정말 야무진 꿈을 꾸고 있군요. 고모는 회사 출근해야지 언제 집안일을 해요? 또 추석 보너스는 쓸 때가 따로 있다고요."

엄마는 겨울이 오기 전에 보일러도 손봐야 하고 우리 겨울옷도 한 벌씩 사줘야 한다며, 추석 보너스로 여행 갈 생각은 아예 하지도 말라고 못을 박으셨다.

"이런 걸 동상이몽(同床異夢)이라고 하나? 나는 추석 보너스로 놀러 갈 생각을 하는데, 당신은 집안 살림에 보탤 생각이라니! 좋다가 말았군그래."

그래도 서운하셨던지 아빠는 다음 달에 식구들 모두 가까운 곳으로 1박 2일 여행을 다녀오자고 하셨다. 늘 우리를 먼저 생각하시는 엄마, 아빠. 조금만 기다리세요. 제가 얼른 커서 어른이 되면, 두 분을 해외여행이 아니라 우주여행 보내드릴게요.

同	同				床	床			
異	異				夢	夢			

147

明 若 觀 火

밝을명　　같을약　　볼관　　불화

▶ 불을 보는 것처럼 환함. 더 말할 나위 없이 명백하다는 뜻이다.

"아니, 상우가 이불에 지도를 그렸단 말이야? 하하하."

"어머나, 상우야. 다 컸으니까 어린애 취급 말라고 하더니 대체 무슨 일이니?"

아빠와 고모는 아주 재미있는 구경거리라도 생겼다는 듯이 소리 내 웃기까지 했다. 상미는 한 술 더 떴다.

"엄마, 오빠도 아름이처럼 기저귀를 해줘야 하는 거 아니에요?"

"너, 알지도 못하면서 그러기냐? 혼날 줄 알아."

내가 상미에게 주먹을 쥐어 보이자, 엄마는 동생만 윽박지른다며 꾸중이셨다.

"정말 그게 아니라니까요."

"이 녀석아, 아니긴 뭐가 아냐? 이보다 명약관화(明若觀火)한 일이 어디 있어? 누가 일부러 네 이불에 물을 부어놓은 것도 아닐 거고."

일이 이렇게 된 이상, 나도 더 이상 가만히만 있을 수는 없는 일이었다.

"엄마, 사실은 제가 그런 게 아니고 재롱이가 그런 거란 말이에요."

며칠 전부터 재롱이가 이상했다. 밥도 잘 먹지 않고 내가 나갔다 돌아와도 꼬리도 치지 않고 자기 집 속에만 있었다. 어디가 아픈 것 같았다. 어젯밤에는 비가 와서 날씨가 갑자기 추워졌다. 자려고 누웠지만 재롱이 걱정에 잠이 오질 않았다.

생각하다 못해 내 이불을 가져다가 재롱이에게 깔고 덮어줬다. 그런데 아침에 나가보니 이불이 흠뻑 젖어 있는 게 아닌가? 재롱이 녀석, 소변은 반드시 집 밖에 나가서 보라고 그렇게 훈련을 시켰건만.

사실대로 털어놓아 애꿎은 누명은 벗었지만, 어젯밤 이불이 없어 형 이불을 한 귀퉁이 얻어 덮고 잤더니 자꾸만 콧물이 흐른다. 재롱아, 넌 행복한 개란 걸 알아야 해. 너 대신 내가 감기에 걸렸단 말이야. 어디 나 같은 주인 있으면 나와 보라고 해.

明	明				若	若			
觀	觀				火	火			

월 일 요일 날씨

[輾轉反側]

돌아누울전　구를전　돌이킬반　곁측

▶ 이리 뒤척 저리 뒤척 함.
　걱정거리로 마음이 괴로워 잠을 이루지 못한다.

일요일이어서 모처럼 온 가족이 모여 앉아 함께 아침을 먹었다. 그런데 고모가 조금 이상해 보였다. 할머니도 엄마도 요즘 고모가 밥을 잘 먹지 않는다며 무슨 일이 있는 것 아니냐고 걱정을 하셨다. 내가 보아도 고모는 어디가 아픈 사람 같았다.

"너 요즘 무슨 일이 있는 것 아니냐? 밤에도 통 잠을 못 자는 것 같던데……."

아버지 물음에 고모는 대답도 않고 묵묵히 밥만 먹었다. 그러자 엄마가 나섰다.

"마음에 두고 있는 사람이 있지요? 그래서 전전반측(輾轉反側)하시는 거죠?"

귓불까지 붉어진 고모는 밥도 다 먹지 않고 식탁에서 일어났다. 그제야 사태를 파악하신 우리 할머니.

"그럼 쟤가 요즘 연애를 하는 거냐?"

아마도 그런 것 같다며 엄마가 웃으셨다. 전전반측(輾轉反側)은 뭐고, 고모가 연애를 한다는 것은 또 무슨 얘기인가? 전전반측(輾轉反側)이 무슨 뜻이냐고 묻자, 엄마는 웃기만 하시고 아버지가 대신 대답하셨다.

"걱정이 되거나 생각이 많아서 잠을 이루지 못하는 경우에 쓰는 말이란다."

그렇다면 누굴 좋아하면 걱정이 많아진다는 말인가? 내가 생각하기에는 여자 친구가 생기면 그저 좋기만 할 것 같은데…….

"가르쳐 주려면 제대로 얘기를 해줘야지요. 우리 상우도 이젠 다 컸는데."

전전반측(輾轉反側)이란 이성을 그리워하여 밤에 편히 잠을 자지 못하고 자꾸만 뒤척이는 걸 뜻한다는 것이 엄마의 설명이었다. 아하, 그러니까 고모는 남자 친구 생각을 하느라 잠을 못 잔다는 얘긴데…….

그런데 참 이상하지, 난 유희가 참 좋은데 왜 밤 9시만 넘으면 졸음을 참을 수가 없는 걸까?

輾	輾				轉	轉			
反	反				側	側			

월 일 요일 날씨

[天高馬肥]

하늘 천　　높을 고　　말 마　　살찔 비

▶ 하늘은 높고 말은 살찜. 가을을 일컫는 말이다.

요즘 우리 집에는 새로운 유행이 생겼다. 뭐냐 하면 그건 바로 아침밥을 먹지 않는 것이다. 맨 먼저 시작한 사람은 바로 우리 고모.

"출근을 하는 사람이 아침밥을 거르면 어떻게 하나? 한 숟가락이라도 뜨고 나가야지."

"천고마비(天高馬肥)의 계절이잖아요. 가을이 되니까 식욕이 좋아져서 너무 많이 먹었나 봐요. 살이 쪄서 작년에 입던 옷이 작을 정도예요. 지금 다이어트를 하지 않으면 위험수위를 넘게 된다고요."

할머니의 성화에도 고모는 아침에 일어나 우유 한 잔만 마시고는 곧바로 나간다. 어쨌든 고모는 워낙 멋쟁이니까 그렇다 해도, 아빠까지 아침밥을 굶을 필요는 없을 텐데.

"나도 배가 나오기 시작해서 안 되겠어. 옛날에는 살이 좀 쪄 보이는 사람이 후덕해 보인다고 했지만 요즘은 게을러 보여서 인상이 나빠지는 수도 있거든."

아빠까지 다이어트를 시작하자, 엄마도 좀 긴장이 되기 시작하셨나 보다.

"나도 처녀 때는 날씬하다는 소리를 들었었는데. 이제는 영락없는 아줌마가 다 됐으니."

거울 앞에 선 엄마가 한숨을 내쉰다.

"그래도 학부모 모임에 온 아줌마들 중에서 우리 엄마가 제일 예쁘고 날씬하던걸."

"상우야, 정말이니? 사실이 아니라고 해도 우리 아들이 엄마를 그렇게 봐준다니 기분이 좋구나. 그럼 엄마도 오늘부터 진짜 다이어트 좀 해볼까?"

하늘은 높고 말이 살찐다는 이 가을에, 우리 집엔 때 아닌 아침 굶기가 유행이라니.

天	天			高	高		
馬	馬			肥	肥		

월 일 요일 날씨

[老 益 壯]

늙을 노　　더할 익　　씩씩할 장

▶ 나이는 들었으나 기력은 더욱 좋아짐. 또는, 그런 사람.

드디어 오늘은 기다리던 가을 운동회. 하늘은 푸르고 운동장에는 스피커에서 흘러나오는 경쾌한 행진곡이 가득했다. 오전에는 학급 대항 줄다리기와 족구 경기를 했다. 아쉽게도 족구는 3반에게 우승을 내주고 말았다. 하지만 줄다리기는 우리 반이 우승을 차지했다.

"자, 모두에게 공책 한 권씩을 상으로 주겠어요. 오늘 줄다리기할 때처럼 공부도 그렇게 열심히 해주기 바래요. 알았죠?"

선생님은 평소에 말썽 많기로 소문난 우리 반이 줄다리기 우승을 하고, 또 2위에 그치기는 했지만 족구에서 선전한 것이 매우 기특하신 모양이었다. 족구 선수로 뛴 나 또한 흐뭇하지 않을 수 없었다. 그러나 정말 신났던 건 오후에 한 이인삼각 경기였다.

부모님과 다리를 묶고 함께 뛰어야 하는 경기인데 엄마는 한사코 싫다고 하시며 할머니와 나가라고 했다.

"내가 그래도 젊었을 적에는 십 리 길도 하루면 다녀오곤 하던 사람이다. 어멈이 안 하겠다면 내가 나가마."

'아이고, 할머니 제발 참아주세요.' 라는 말이 입속에서 맴돌았지만 어쩌겠는가? 꼴찌만 면하기를 바라며 비장한 각오로 할머니와 다리를 묶고 출발선에 섰다.

그러나 웬걸, 할머니와 나는 1등으로 골인했고, 결승에 진출해 푸짐한 상까지 받았다. 중간에 내가 돌부리에 걸려 넘어지지만 않았다면 결승에서도 1등은 문제없었을 거다. 할머니는 노익장(老益壯)을 유감없이 발휘하셨다.

"상우가 달리기를 잘하는 것이 할머니를 닮았나 봅니다."

선생님 말씀에 흐뭇하게 웃으시는 우리 할머니. 할머니는 운동회의 최고 스타였다.

老	老				益	益			
壯	壯								

월 일 요일 날씨

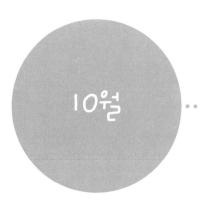

10월

異口同聲

附和雷同

多岐亡羊

結者解之

苦盡甘來

[異 口 同 聲]

다를 이　　입 구　　한가지 동　　소리 성

▶ 한 입에서 나온 것처럼 여러 사람의 말이 한결같음을 뜻한다.

학교에서 돌아오니 동네 아주머니들이 우리 집에 모여 계셨다. 영재와 지태 엄마도 계셨다. 옆에서 들어보니 우리 교육 문제에 대해 말씀하시는 것 같았다.

"아이들에게 정말 중요한 것이 무엇인지를 다시 생각해봐야 해요. 무조건 공부만 하라고 할 것이 아니라, 먼저 올바른 가치관을 심어줘야 한다고요."

"맞아요. 어른들이 공부 타령만 하니까, 인간 교육이 제대로 될 리가 없지요."

지태 엄마 얘기에 우리 엄마도 고개를 끄덕이셨다.

"정말 그래요. 공부를 좀 못하면 어때요? 착하고 바르게 자라주면 되는 거지요. 학교 성적이 전부는 아니잖아요. 그리고 어려서부터 공부에만 매달리게 하면 창의성이 떨어진다고 그러더라고요."

엄마와 다른 아주머니들은 이구동성(異口同聲)으로 공부보다는 착하고 씩씩하게 자랄 수 있게 해줘야 한다고 말씀하셨다. 아주머니들은 한참 동안 열띤 토론을 하시다가 돌아가셨다.

"엄마, 저 나가서 좀 놀다가 올게요."

"아니, 상우야. 학교 다녀왔으면 씻고 방에 들어가서 공부 좀 하지. 어딜 또 나간다고 그러니?"

어찌 이런 일이! 엄마는 방금 아주머니들과 했던 얘기를 까맣게 잊어버리신 건가?

異	異			口	口		
同	同			聲	聲		

월 일 요일 날씨

附 和 雷 同

붙을 부   화할 화   우레 뇌   한가지 동

▶ 우레 소리에 맞춰 함께함.
자신의 뚜렷한 소신이 없이 그저 남이 하는대로 따라함.

학급회의 시간이었다. 선생님께서 우리 5학년 4반의 이름을 정해 교실 문 앞에 붙여 놓으면 어떻겠느냐고 하셨다. 선생님은 우리가 의논해서 좋은 이름을 하나 만들어보라고 하시고 교무실로 가셨다. 맨 먼저 민수가 자기 의견을 내놓았다.

"내 생각에는 '호랑이 반' 이 좋을 것 같아. 호랑이처럼 용감한 반이라는 뜻으로."

"그건 꼭 유치원 애들 반 이름 같잖아. 우리 반은 모두 모범생이라는 뜻으로 '모범 교실' 이 좋지 않겠니?"

윤호가 민수를 비웃더니 자기 의견을 내놓았다. 아이들은 윤호의 의견이 마음에 드는 모양이었다. 이름을 '모범 교실' 이라고 붙인다고 우리가 모두 모범생이 되는 건가, 뭐. 내 생각은 좀 달랐다.

" '모범 교실' 이라는 이름은 너무 맨송맨송한 것 같아. 좀 더 재치 있는 이름이 있을 거야. 음~ . '해적선' 이 어떨까? 선생님은 선장이고 우리는 선원인 거야. 어때?"

"그거, 재미있다. 난 상우 의견에 찬성이야."

"아냐, 우리가 뭐 해적이냐? 난 싫어."

어느새 교실은 윤호와 내 의견을 놓고 한바탕 입씨름이 벌어졌다.

"이 녀석들 왜 이리 시끄러운 거야?"

떠드는 소리가 교무실까지 들렸던 모양이었다. 선생님께서 문을 열고 들어오셨다.

"너희는 아직 학급회의가 뭔지도 모르는 모양이구나. 학급회의는 각자 자기 의견을 발표하고 그것을 나중에 투표로 결정하는 것이야. 이렇게 부화뇌동(附和雷同)해서 서로 편 갈라 싸우라는 게 아니야."

선생님은 다음 시간까지 각자 생각해 와서 다시 회의를 하자고 하셨다. 나는 '해적선' 이란 이름이 정말 좋은데. 선생님은 선장, 나는 일등 항해사. 이 얼마나 근사한가!

附	附				和	和		
雷	雷				同	同		

161

多岐亡羊

많을 다   갈림길 기   망할 망   양 양

▶ 길이 여러 갈래라 양을 잃어버림. 학문이 여러 갈래여서 진리를 얻기 어려움.
하고 싶은 일이 많아 무엇을 해야할지 모르는 것을 뜻한다.

"상우야. 저기 좀 봐. 저기 서 있는 아저씨 강도야. '경찰청 사람들'에서 봤어."

"영재야, 좀 작게 말해. 다 들리겠다."

영재가 큰 소리로 떠들자, 그 아저씨가 우리를 쳐다보았다.

"이거 큰일이군. 난 진짜 범인이 아니란다. 꼬마야, 그건 내 배역이었을 뿐이야."

오늘 방송국 견학을 다녀왔다. 영재가 어떤 아저씨를 보고는 강도라고 법석을 피우는
바람에 말리느라고 진땀을 흘려야 했다.

텔레비전에서만 보던 탤런트들도 직접 보고, 방송프로그램이 어떻게 만들어지는 지
도 보았다. 방송국에는 사람들이 아주 많았고, 모두 바빠 보였다. 그러나 무엇보다 인
상적이었던 것은 높은 곳에 올라가서 제작을 지휘하는 프로듀서 아저씨였다. 아저씨는
확성기에 대고 이것저것 지시를 했고, 아저씨의 큐 사인에 따라 모두 바쁘게 움직였다.

집으로 돌아와서도 프로듀서 아저씨가 멋지게 사인을 해주던 모습이 떠올랐다.

"엄마, 난 아무래도 프로듀서가 되어야 할 것 같아요."

"오늘 방송국에 갔다 오더니, 상우 장래 희망이 또 바뀐 게로구나. 지난번에는 소방서
에 다녀와서 소방관이 되겠다고 하더니."

"프로듀서가 제일 높은 사람이었어요. 모두 그 아저씨 말대로 움직이던 걸요."

"상우야, 꿈을 가지는 것은 아주 좋은 일이야. 하지만, 그렇게 자주 장래 희망이 바뀌
는 것도 문제야. 다기망양(多岐亡羊)이라고 하잖니? 너무 여러 가지를 하려다 보면 하
나도 제대로 못하는 수가 있단다."

엄마 말씀이 옳다. 하지만, 난 정말 되고 싶은 것도, 하고 싶은 일도 많은걸! 난 이다
음에 어떤 사람이 되어 있을까?

多	多				岐	岐			
亡	亡				羊	羊			

월 일 요일 날씨

[結 者 解 之]

맺을 결　사람 자　풀 해　갈 지

▶ 맺은 사람이 푼다.
자기가 저지른 일에 대해서는 자기가 해결해야 한다는 뜻이다.

"엄마, 오빠가 할머니 방에 있는 도자기 깨뜨렸대요."

엄마가 한걸음에 달려오셨다.

"이를 어쩌니? 할머니가 얼마나 아끼시는 물건인데. 어쩌다가 이걸 깨뜨렸어?"

사실은 할머니가 아침에 방에서 바퀴벌레를 봤다고 말씀하셨기 때문이었다.

"바퀴벌레는 아파트에나 있는 줄 알았는데 내 방에서 이렇게 커다란 것이 나오지 않겠니? 우리 집도 소독을 좀 해야겠구나."

나는 장갑을 낀 후 살충제를 들고 할머니 방으로 갔다. 하지만 방 어디에도 벌레는 보이지 않았다. 할머니가 잘못 보셨나 하고 그냥 나오려는데, 바퀴벌레 한 마리가 도자기 안으로 들어가는 게 보였다. 도자기 안에 약을 뿌릴 수도 없고 해서 도자기를 거꾸로 들고 흔들었다. 그래도 벌레가 나오질 않았다. 이 바퀴벌레야, 네가 이기나 내가 이기나 어디 해보자. 약이 올라 도자기를 세게 흔드는데 장갑 낀 손이 미끄러웠나 보다. 바퀴벌레는 나오지 않고 '쨍그랑' 도자기가 박살나고 말았다.

"벌레 잡는다고 수선을 피울 때부터 심상치 않더니, 기어코 일을 저질렀구나."

내가 저지른 일이니 내가 해결하는 수밖에 도리가 없었다. 할머니가 야단을 치시기 전에 내가 스스로 벌을 받기로 했다. 할머니 방에 들어가 두 손을 들고 앉아 있었다.

"음~ 상우한테 무슨 벌을 줄까? 옜다. 이 돈으로 상미하고 아이스크림이나 사먹어라. 상우 너도 많이 놀랐지? 일부러 그런 것도 아니고 또 결자해지(結者解之)하겠다는 그 자세가 기특해서 할머니가 특별히 용서해주는 게야."

난 우리 할머니를 존경하지 않을 수가 없다. 화를 내시기는커녕 날 위로하시다니.

"할머니, 내일은 꼭 바퀴벌레 전부 잡아 드릴게요."

"아이고, 그만하면 됐다. 그냥 벌레하고 같이 살란다. 이번에는 또 뭘 깨뜨리려고."

結	結			者	者		
解	解			之	之		

월 일 요일 날씨

[苦 盡 甘 來]

괴로울고   다할진   달감   올래

▶ 쓴 것이 다하면 단 것이 온다.
'고생 끝에 낙이 온다.' 라는 말과 같은 뜻으로 쓰인다.

학교에서 돌아오는 길이었다. 커다란 보따리를 머리에 인 할머니 한 분이 우리에게 다가와 길을 물어보셨다. 종이에는 'ㅇㅇ동 35번지' 라고 적혀 있었다.

"우리 집 근처네. 할머니 제가 집을 찾아드릴게요. 따라오세요."

"아이고, 고맙구나. 벌써 두 시간이나 길에서 허비했지 뭐냐."

지태와 영재는 먼저 가고 내가 할머니를 모셔다 드리기로 했다. 그 할머니는 시골에서 딸의 집을 찾아 올라오셨다고 했다. 한 달 전에 이사를 했는데, 집에 아무도 없는지 전화를 해도 받지 않는다는 것이었다.

"이상하다. 분명히 여기가 35번지라고 했는데……."

몇 번이나 물어서 찾아간 집에는 다른 주소가 적혀 있었다. 어두워질 때까지 할머니를 모시고 헤매다 보니, 다리도 아프고 점점 자신이 없어졌다. 나중에는 괜히 집을 찾아드리겠다고 나섰나 싶어서 후회가 되기도 했다.

하는 수 없이 그 할머니를 모시고 우리 집으로 왔다. 엄마에게 사정 얘기를 했다.

"일단 우리 집에 계시게 하고, 그 집으로 전화를 해보도록 하자꾸나."

저녁이 되어 전화를 했더니, 어떤 아줌마가 할머니를 모시러 왔다.

"상우라고 했니? 정말 고맙구나. 이거 케이크야. 너무 고마워서 그냥 올 수가 있어야지."

밤에 식구들이 모두 모여 케이크를 먹었다.

"엄마, 웬 케이크예요? 누구 생일도 아닌데?"

상민이 형의 질문에 엄마가 오늘 있었던 일을 얘기하셨다. 오랜만에 칭찬을 듣고 맛있는 케이크도 먹고, 고진감래(苦盡甘來)라는 말이 실감나는 날이었다.

苦	苦				盡	盡			
甘	甘				來	來			

월 일 요일 날씨

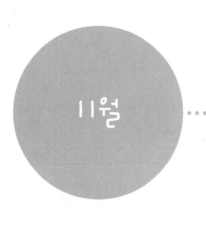

11월

邯鄲之步

梁上君子

烏合之卒

魚頭肉尾

[邯 鄲 之 步]

땅이름한   땅이름단   갈지   걸음보

▶ 한단(춘추전국시대 중국 조(趙)나라의 수도)에서 걸음걸이를 배움.
　자기의 처지에 어울리지 않게 본분을 잊고 억지로 남의 흉내를 내면 낭패를 당하게 된다는 뜻이다.

　슈퍼주니어의 김희철 형을 좋아한다. 키도 크고 얼굴도 잘생기고 정말 캡이다. 옷도 언제나 근사하게 입고, 선글라스를 끼고 춤을 추는 모습은 정말 멋있다. 나도 저런 안경 하나만 있으면 좋을 텐데. 나는 희철이 형을 따라 해보고 싶었다. 안방에 들어가 아빠 선글라스를 살짝 가지고 나와, 얼른 내 방에 있는 거울 앞에 서서 써보았다. 희철이 형이 쓰는 작고 동그란 모양도 아니고, 또 커서 흘러내리기는 하지만 멋있었다. 그런데 안경을 쓰고 보니 이번에는 옷이 문제였다. 이왕이면 의상도 갖춰 입어야지. 옷장에서 형이 평소에 아끼는 체크무늬 남방을 꺼내 입고 밖으로 나왔다. 지태와 영재는 내가 꼭 김희철 형 같다며 멋있다고 야단이었다.

　놀이터에서 한참 놀다가 보니, 뭔가가 이상했다. 노는데 정신이 팔려 안경이 바닥에 떨어진 것도 몰랐던 거다. 안경은 회전 그네 근처에 떨어져 있었다. 한쪽 다리가 부러진 채로. 맙소사! 한단지보(邯鄲之步)라더니, 딱 나를 두고 하는 말인 것 같았다.

　집에 가니 형은 화가 잔뜩 나 있었다. 아빠가 웃으며 말씀하셨다.

　"상우야, 옷도 멋지게 차려입었고, 선글라스도 썼으니 기왕이면 노래도 한 곡 불러보지 그러니? 슈퍼주니어가 부르는 노래가 뭐가 있지?"

　"아빠, 노래는 얼마든지 부를 수 있는데요. 저, 사실은 안경다리가……."

　형과 아빠에게 야단을 맞은 것은 물론이고 식구 모두에게 돌아가며 한 마디씩 훈계를 듣고서야 나는 방으로 들어올 수 있었다. 휴! 한숨이 저절로 나왔다. 하지만, 그래도 오늘 내 모습은 정말 근사했다. 우리 반 모두에게 보여주지 못한 것이 정말 아쉽다. 사진이라도 한 장 찍어 놓을 걸 그랬나?

邯	邯				鄲	鄲		
之	之				步	步		

월 일 요일 날씨

[梁上君子]

들보양　위상　임금군　아들자

▶ 대들보 위의 군자. 도둑을 가리키는 말이다.

어제 우리 옆집 새댁 아줌마네 집에 도둑이 들었다. 아저씨는 아침에 출근을 하고 아줌마는 오전에 외출을 했는데 저녁에 돌아와서 보니 방이 마구 어질러져 있고, 마루에는 신발 자국이 여기저기 있었다고 한다.

"세상에, 훤한 대낮에 도둑이 들다니. 우리는 바로 옆집에 살면서도 감쪽같이 몰랐지 뭐예요."

엄마는 어제 하루 종일 집에 계셨었는데 아무런 기척도 듣지 못했다고 하셨다.

"지난주에는 저 아래 큰길에 있는 전자대리점에 도둑이 들어서 금고에 있는 돈을 모두 꺼내가고 물건도 가져갔다고 하던데. 생전 이런 일이 없었는데 요즘 와서 자꾸만 이런 일이 생기니 정말 큰일이네요."

"글쎄 말이에요. 집에 혼자 있기도 겁이 나요."

엄마는 아빠 얘기를 듣고는 정말 겁이 나는지 얼굴이 하얘지셨다.

아빠는 옆집에서 일을 당했는데 그냥 있을 수 없다며, 옆집에 가본다고 나가셨다.

우리 동네에 이런 일이 생겼는데 나도 가만히 있을 수는 없었다. 얼른 지태와 영재를 불러 모았다.

"우리끼리 방범대를 조직해서 동네를 지키는 거야. 어때 내 생각이?"

우리 셋은 의기투합하여 그 자리에서 '어린이 방범대'를 만들었다. 매일 방과 후에 동네를 돌면서 수상한 사람이 나타나면 바로 경찰에 신고하기로 했다.

옆집에 다녀오신 아빠께 자랑스럽게 이 사실을 말씀드렸다.

"하하하! 너희들 무서워서 다시는 양상군자(梁上君子)가 얼씬도 못하겠구나."

아빠가 웃으시는 건 우리가 대견해서 그러시는 거겠지? 그런데 왜 못 미더워서 그러시는 것처럼 생각되는 거지?

梁	梁				上	上		
君	君				子	子		

173

[烏合之卒]

까마귀 오　　합할 합　　갈 지　　군사 졸

▶ 까마귀들이 모인 것 같은 군사. 임시로 모집하여 훈련이 안 된 군사를 말한다.

어제 저녁부터 목이 붓고 열이 나기 시작하더니, 아침에는 기침에 콧물까지 났다.

어제 상민이 형이 친구들과 축구 시합을 하러 간다기에, 졸라서 따라 나선 게 화근이었다. 얌전히 옆에서 구경만 하겠다고 약속은 했지만 막상 운동장에 도착하니 그냥 보고만 있을 수는 없었다. 형들 옆에서 응원도 하고 공도 주워다 주었다.

연습이 끝나고 시합을 시작하는데 상민이 형 반에서 선수가 모자란다고 했다. 기회는 이때다라는 생각이 들었다.

"나도 축구 잘해요. 우리 반에서는 알아주는 축구 선수라고요."

나는 형들 틈에서 열심히 뛰어 다녔지만, 공은 차 보지도 못하고 전반전이 끝났다.

"상우야, 너는 빠져야겠다. 그러잖아도 연습을 제대로 못해서 오합지졸(烏合之卒) 인데 너까지 끼어서 더 엉망이야."

"후반전에는 잘할 수 있단 말이야. 나 계속해도 되는 거지?"

다른 형들은 어쩔 수 없다는 듯이 내버려두었다. 나는 정말 잘할 자신이 있었다. 하지만, 뜻대로만 된다면 얼마나 좋겠는가. 상민이 형네 반이 4대 3으로 시합에서 졌다.

땀을 흘리면서 열심히 뛰었더니 무척 더웠다. 수돗가로 달려가 세수를 하고 형들처럼 나도 머리를 감았다. 정말 축구 선수가 된 기분이었다.

"형은 괜찮은데, 왜 나만 감기에 걸린 거지?"

"넌 아직 어리니까 그렇지. 그러기에 내가 뭐라고 했어? 형들 노는데 꼬마가 끼는 게 아니라고 했잖아."

형은 말은 그렇게 했지만 학교에도 못가고 아파서 누워 있는 내가 안 된 모양이었다.

"다음에도 데려갈게. 하지만, 이번에는 정말 가만히 보기만 해야 한다. 알았지?"

그러겠다고 약속은 했지만, 그건 그때 가봐야 아는 거지, 뭐!

| 烏 | 烏 | | | 合 | 合 | | |
| 之 | 之 | | | 卒 | 卒 | | |

월 일 요일 날씨

[魚 頭 肉 尾]

물고기 어   머리 두   고기 육   꼬리 미

▶ 물고기는 머리, 짐승은 꼬리 쪽이 맛이 있다는 말.

"어디서 놀다가 이제야 들어오니? 어두워진 게 벌써 언젠데?"

"지태하고 영재네 집에서 놀았어요."

"저녁 먹을 시간이 되면 돌아와야지. 그렇게 오래 있는 건 실례야."

"영재네 집이 비어서 그랬어요. 엄마 배고파요. 빨리 밥 주세요."

하지만, 식탁에는 벌써 상이 차려져 있었다. 밥을 먹으려는데 아빠가 오셨다.

"상우야, 너 때문에 상을 두 번이나 차려야 되잖니? 제시간에 돌아와야지."

치! 아빠는 일주일에 서너 번은 10시가 넘어서야 집에 오시는데. 또 술을 드시고 와서는 그 시간에 엄마더러 상을 차리라고 하시면서, 어쩌다 한 번 늦었다고 저러신다.

배가 고파 허겁지겁 밥을 먹는데, 내가 좋아하는 조기찜이 있었다. 그런데 접시에 놓인 조기의 몸통은 없고 머리만 덩그러니 놓여 있었다.

"엄마, 이 조기는 원래 몸이 없는 거예요? 왜 머리만 있어요?"

"너 먹을 것 남겨 놓는 걸 깜박 잊었지 뭐니. 그러기에 모두 먹을 때 같이 먹어야지."

"엄마, 너무해요. 제가 조기찜 좋아하는 거 아시면서 남겨 놓지도 않았단 말이에요?"

내가 불평을 하자, 곁에서 보고 계시던 아빠.

"상우야, 어두육미(魚頭肉尾)라는 말도 있잖니. 생선은 머리 부분이 더 맛있는 거야. 정말이라니까."

"그럼 왜 엄마는 아빠 상에는 생선 몸통만 놓는 건데요? 머리가 그렇게 맛있다면 앞으로 머리는 꼭 아빠가 드시게 남겨 놓을게요. 그러면 됐죠?"

킥킥킥. 아빠, 다시는 생선은 머리가 맛있다는 말씀은 못하시겠지?

魚	魚				頭	頭		
肉	肉				尾	尾		

월 일 요일 날씨

12월

得隴望蜀
橘化爲枳
武陵桃源
十匙一飯
杞憂
畫龍點睛

[得隴望蜀]

얻을 득   땅이름 롱   바랄 망   나라이름 촉

▶ 농나라를 얻고 나니 촉나라를 갖고 싶다는 뜻.
인간의 욕심은 끝이 없다는 의미이다.

며칠 전부터 가방 끈이 너덜거리더니 드디어 오늘은 완전히 끊어지고 말았다. 오늘은 엄마한테 가방을 새로 사달라고 해야지. 집에 돌아오니 마루에 그릇이 하나 가득 놓여 있고, 아주머니 몇 분이 와 계셨다.

"상우 엄마, 이것도 좀 보세요. 정말 예쁘지요? 또 얼마나 쓸모가 있는지 몰라요. 하나 사놓으면 정말 편리하다고요."

"예쁘기는 하지만 아직 꺼내지도 않은 그릇이 많은 걸요."

엄마는 말씀은 그렇게 했지만, 도자기 그릇 세트가 몹시 마음에 드는 눈치였다.

"이건 유명한 도예가가 만든 거예요. 백화점에 가면 제가 파는 가격의 두 배는 줘야 살 수가 있다고요. 그릇은 사두면 언젠가는 쓰게 마련인데, 이럴 때 하나 장만하세요."

그릇을 팔러 온 아주머니는 계속해서 엄마에게 권했지만, 엄마는 망설이기만 하셨다. 그릇을 팔러 온 아주머니는 조금 있다가 그릇을 챙겨서 다른 집으로 갔다.

"엄마, 그릇이 정말 예쁘던데 왜 안 샀어요?"

"상우야, 우리 집에는 아직 쓸 만한 그릇이 많이 있단다. 그런데 또 사면 낭비가 되지 않겠니?"

"그렇지만, 엄마도 그릇이 마음에 들었잖아요."

"득롱망촉(得隴望蜀)이라고 하잖니? 욕심을 부리자면 끝이 없는 거야."

언제나 절약 정신이 투철하신 우리 엄마.

"엄마, 가방 끈이 떨어졌어요. 엄마가 좀 꿰매주세요."

"어디 보자. 저런, 재봉틀로 박아야 단단하겠구나. 그런데 상우야, 네가 웬일이니? 다른 때 같으면 벌써 새 걸로 사달라고 했을 텐데."

"엄마, 제가 누구예요? 알뜰하신 엄마 아들이잖아요!"

得	得			隴	隴		
望	望			蜀	蜀		

월 일 요일 날씨

[橘化爲枳]

귤 귤　　화할 화　　될 위　　탱자 지

▶ 귤이 바뀌어 탱자가 됨. 환경에 의해 그 모양과 성질이 바뀌는 것을 말한다.

"어머나, 이를 어쩌지? 난이 제대로 자라지도 못하고 그냥 시들어버리네."

엄마는 화분에 물을 주고 계셨다.

"어디 보자. 그건 애들 큰고모가 제주도 다녀오면서 가져다준 난초 아니냐?"

"며칠 전부터 향도 나지 않고 잎이 밑으로 내려앉더니만, 그냥 시들어버리네요."

"제주도 난이라서 따뜻한 기후에 익숙할 텐데, 겨울이 되니까 추워서 그런가 보다. 어서, 방에 들여 놓도록 하자."

할머니는 화분을 들어서 방으로 옮겨놓으셨다. 그리고는 따뜻한 물수건으로 잎을 하나하나 닦아주셨다.

"내일은 비료를 좀 사다가 뿌려야겠구나."

"할머니, 그까짓 화분 하나 가지고 뭘 그러세요. 집에 다른 화분도 많은데."

"그렇게 생각하면 못써요. 따뜻한 제주도에서 자라던 난초가 이곳 기후에 적응을 못하는 것은 당연하지. 식물은 풍토가 중요하거든. 사람도 마찬가지야. 환경이 중요한 거란다. 귤화위지(橘化爲枳)라는 말도 있지 않니?"

할머니 말씀을 듣고 있는데, 엄마가 밖에서 부르셨다.

"상우야, 가서 저녁 반찬 하게 두부하고 미역 좀 사오너라."

"엄마, 엄마가 늘 이런 심부름을 시키시니까, 제 성적이 오르질 않는 거라고요. 할머니 말씀이 사람에게는 환경이 중요한 거래요."

"어머나, 상우야. 엄마 심부름만 열심히 해도 산수 공부는 될 텐데 뭘 그러니? 자, 봐라. 엄마가 오천 원을 줬으니까, 여기서 두부 한 모 천 원하고, 미역 천육백 원. 그러면 얼마가 남는 거지?"

맙소사! 엄마, 제가 졌어요. 앞으로는 딴소리 않고 심부름 잘할게요.

橘	橘			化	化			
爲	爲			枳	枳			

[武 陵 桃 源]

호반 무   언덕 릉   복숭아 도   근원 원

▶ 이 세상과 따로 떨어진 별천지를 이르는 말.

184

전화가 계속 울리는데 아무도 받는 사람이 없었다. 마루로 뛰어 올라와 얼른 전화를 받아보니 온천에 가신 할머니였다.

"상우구나. 할머니다. 집에는 별일 없지? 엄마는 어디 갔냐?"

"엄마는 옆집 새댁 아줌마네 집에 갔어요. 할머니, 온천에서 목욕 많이 하셨어요?"

"그래. 물이 얼마나 좋은지 탕에서 나오기가 싫을 정도구나. 너희도 모두 같이 왔으면 좋았을 것을. 날씨도 푸근하고 무릉도원(武陵桃源)이 따로 없구나."

할머니는 내일 올라오신다며 전화를 끊으셨다.

조금 있다가 엄마가 오셨다. 새댁 아줌마네 김장을 담그는데 도와주러 갔다오신 거라고 했다.

"엄마, 무릉도원(武陵桃源)이 뭐예요?"

"갑자기 무릉도원(武陵桃源)은 왜? 그 말은 어디서 들었는데?"

"할머니가 그러시던데요. 온천이 무릉도원(武陵桃源) 같다고요. 혼자서만 거기 계신 게 미안하시데요. 아주 좋아서요."

"그건 말이야. 아무런 걱정이나 근심이 없는 별천지를 말하는 거야."

별천지? 내게는 공부하라는 소리 듣지 않고 맘껏 놀기만 할 수 있는 곳이 별천지인데. 아유! 나의 무릉도원(武陵桃源)은 어디에 있을까?

| 武 | 武 | | | | 陵 | 陵 | | | |
| 桃 | 桃 | | | | 源 | 源 | | | |

월 일 요일 날씨

[十 匙 一 飯]

열십　숟가락시　한일　밥반

▶ 열 숟가락이 밥 한 그릇이 됨.

작은 것이라도 여러 사람이 힘을 합하면 큰 힘을 발휘할 수 있음을 뜻한다.

형을 따라서 시내에 있는 큰 서점에 크리스마스카드를 사러 갔다.

'흰 눈 사이로 썰매를 타고~♪♬~ 달리는 기분 상쾌도 하다~~♪♪♬~'

거리에는 벌써 캐럴이 울려 퍼지고 있었는데, 정말 흥겨웠다. 가게 진열대를 장식한 산타클로스 옷을 입은 마네킹, 크리스마스트리 등 거리는 온통 구경거리로 넘쳤다. 그 가운데서도 제일 먼저 내 눈에 띈 것은 자선냄비를 세워놓고 종을 울리고 계신 구세군 아저씨였다.

"형, 우리도 저 냄비에 돈 넣고 가자."

"상우 너, 카드를 일곱 장이나 살 거라면서 돈이 모자라면 어떻게 하려고 그러니?"

서점에는 예쁜 카드가 정말 많았다. 카드를 열면 음악이 나오는 것도 있고, 집 모양이 만들어지는 것도 있었다. 모두가 무척 탐나는 것이었다. 한참을 구경하는데 형이 한 가지 제안을 했다.

"상우야, 너 아까 구세군 냄비에 돈을 넣자고 했었지? 이렇게 하면 어떨까?"

형과 나는 카드를 구경한 뒤에 서점을 나왔다. 그리고 우리가 가진 돈에서 절반을 자선냄비에 넣었다. 그 나머지로는 카드를 만들 재료를 샀다.

"카드 사러 간다고 하더니 그냥 온 모양이구나."

카드는 우리가 직접 만들고, 그 돈을 절약해 자선냄비에 넣었다고 말씀드렸다.

"너희 정말 착한 일을 했구나. 그렇게 한 사람 한 사람이 정성을 모으면 어려운 사람을 도울 수 있는 거란다. 그게 바로 십시일반(十匙一飯)이라는 거지."

이제 곧 크리스마스. 아마 산타 할아버지도 오늘 내가 한 일을 알고 계실 거다. 그렇다면, 올 크리스마스에는 근사한 선물을 기대해도 되겠지?

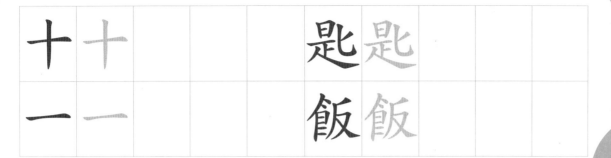

| 十 | 十 | | | | 匙 | 匙 | | | |
| 一 | 一 | | | | 飯 | 飯 | | | |

월 일 요일 날씨

[杞 憂]

나라이름 기 　 근심 우

▶ 중국의 기나라 사람이 하늘이 무너질까봐 근심걱정 하였다는 뜻.
쓸데없는 걱정을 말한다.

할머니와 엄마는 이만저만 걱정을 하시는 게 아니다. 아빠가 월요일에 출장을 가서 아직 연락이 없으시기 때문이었다. 오시기로 한 날이 어제였는데, 오늘 아침까지도 아무런 소식이 없었다.

"어멈아, 아범 회사에 연락을 좀 해봐라. 회사에서는 무슨 일인지 알고 있지 않겠니?"

"네, 어머니. 9시가 지나야 출근을 할 테니, 그때 연락해볼게요."

나도 걱정이 되어 공부가 잘되지 않았다. 아빠는 무역회사에서 일을 하시기 때문에 가끔 부산으로 출장을 다녀오시곤 한다. 배에 물건 싣는 것을 감독하셔야 하기 때문이라고 했다.

방과 후에 떡볶이를 먹으러 가자는 영재의 유혹을 뿌리치고 집으로 곧장 왔다.

"엄마, 아빠 회사에 전화해 봤어요? 왜 안 오시는 거래요?"

"상우도 걱정이 됐던 모양이구나. 이렇게 헐레벌떡 뛰어 온 걸 보니."

엄마가 웃으시는 걸 보니 아마도 아빠 소식을 들으신 모양이었다.

"오늘 올라오신단다. 회사 일로 다른 곳에 들러서 오시느라고 그렇게 됐다고 하시더라. 어젯밤에 전화를 했는데 계속 통화 중이었다고 하면서 무슨 전화를 그렇게 오래 하냐고 오히려 야단을 치시지 뭐니."

아차, 어제 지태하고 수다를 떠느라고 내가 전화를 좀 오래 들고 있었는데 그때 아빠가 전화를 했었나 보다.

"아무튼 기우(杞憂)였으니 얼마나 다행이냐? 집 밖에 나간 사람이 소식이 없으니 얼마나 걱정이 되던지."

할머니는 안심을 하셨지만, 난 야단맞을 일이 생겼으니 진짜 걱정은 지금부터다.

杞	杞							
憂	憂							

[畵 龍 點 睛]

그림화 　 용룡 　 점점 　 눈동자정

▶ 마지막으로 용의 눈을 그려 넣음.
무슨 일을 하는데 가장 중요한 부분을 마쳐 완성함을 말한다.

"아빠, 전깃줄이 모자라서 더 사와야겠어요."

"어디 보자. 아래는 그냥 두고 위에만 감으면 되겠구나."

"안 돼요. 더 많이 감아야 해요. 우리 트리가 영재 것보다 더 근사해야 한다고요. 누가 더 멋있게 만드나 내기했거든요."

내일은 크리스마스. 가장 큰 화분에 있는 나무에 트리를 만들기로 했다. 아침부터 작은 전구가 달린 전깃줄을 사온다, 반짝이를 사온다 수선을 피웠더니 아빠가 도와주시겠다며 나오셨다. 아빠와 내가 나무에 전깃줄을 감는 동안 상미는 색종이로 여러 가지 모양을 오려서 매달았다.

한나절이 지나서야 마침내 트리가 완성됐다. 전구에 불이 들어오자, 마루 한구석에 덩그렇게 볼품없이 놓여 있던 화분이 근사한 크리스마스트리로 변해있었다.

"와! 멋지다. 엄마 정말 근사하죠?"

"우리 상우하고 상미 솜씨가 정말 좋구나. 시청 분수대 앞에 만들어 놓은 트리도 너희가 만든 것만큼 멋있지는 않던데."

엄마는 우리를 한껏 치켜 세워 주셨다.

"그런데 상우야, 가장 중요한 한 가지가 빠진 것 같지 않니?"

곰곰이 살펴보니 아차, 나무 꼭대기에 반짝거리는 별을 붙이는 걸 깜빡 잊어버린 것이 아닌가.

"화룡점정(畵龍點睛)이라고 하지 않니? 상미가 크고 예쁜 별을 만들고, 상우가 그걸 나무에 달아봐라."

반짝이는 노란별을 매단 트리는 더없이 근사했다. 아마 영재도 요건 미처 생각 못했을걸.

畫畫			龍龍		
點點			睛睛		

191

월 일 요일 날씨

일기를 쓰면서 배우는 초등학생 고사성어

2006년 10월 5일 초판 인쇄
2006년 10월 10일 초판 발행

지은이 이경혜
펴낸이 김재욱
펴낸곳 북피아 주니어
주 소 서울시 강남구 일원동 687-1 태경빌딩 2층
전 화 02) 459-1761
팩 스 02) 459-1762
등 록 제 311-1993-000008호 (1993. 6. 14)

ISBN 89-7853-043-5 63710

값은 뒤표지에 있습니다.